ゾルタン・ドルニェイ 著
米山朝二／関 昭典 訳

動機づけを高める英語指導ストラテジー35

Motivational Strategies in the Language Classroom

大修館書店

MOTIVATIONAL STRATEGIES IN THE LANGUAGE CLASSROOM
by
Zoltán Dörnyei
Copyright © Cambridge University Press 2001

This translation published by arrangement with
Cambridge University Press
through The English Agency (Japan) Ltd.

Taishukan Publishing Co., Ltd., Tokyo, Japan, 2005

はじめに

「動機づけが今日，教師の直面する最も複雑で対応を迫られる課題であることは間違いない。」(Scheidecker and Freeman 1999: 116)

　動機づけが言語学習において重要な課題であり，学習者の動機づけを高める技術が教師にとって必須であることをはっきり示すために長々と議論を続けることは容易であるが，本書の読者はそのようなことはすでに十分理解しておられるだろう。そこで，動機づけの重要性をそれぞれの読者に対して説明をして回る代わりに，全く異なった手法を用いて本書を始めたい。

● 「動機づけ」のようなものは存在するのか？

　厳密に言えば，「動機づけ」というようなものは存在しない。もちろん，このような発言を動機づけに関する本のはしがきに掲げるには，即座に但し書きをつけることが必要になる。言いたいのは，「動機づけ」とは，人々がなぜこんなふうに考え，行動するかを説明するために用いる，抽象的で仮定的な概念だということである。言うまでもなく，この意味では，「動機づけ」という語は，昇給のような経済的なきっかけから，自由を求める願望のような理想主義的な信条にいたるまで，あらゆる種類の動機を包含するため，いずれも行動に影響を及ぼすという点を除けば共通点はほとんどない。このため，「動機づけ」はせいぜい，様々な意味を含む包括的な用語と見なされることになる。

　「動機づけ」の意味がこれほど曖昧であるとすれば，なぜこの語を用

いるのだろうか。それは単に，この語を使うことが，かなり複雑な問題に言及する上で大変便利であるからだと，私には思える。例えば，ある生徒が「動機づけられている」と言うとき，教師や親はたいてい，容易に次のように思い浮かべることができるだろう——熱心で，夢中になって打ち込んでいる生徒で，しっかりした学習理由を持ち，精力的に，真剣に勉強し，忍耐心がうかがえる，というような具合に。しかし，このような特徴を，もっと具体的に，すべて列挙しようとすれば煩わしくなるだろう。同じように，「動機づけの弱い」生徒を思い浮かべることも容易にできるが，ここでも，「動機づけの弱さ」(unmotivation) の構成要素をはっきりと記述しようとすると，やっかいなことになる。

　この用語が教師にも，また理論家，研究者にも便利なのは，それが人間のこころの基本的な側面の1つを際だたせるからである。この側面は人間の欲求・願望（すなわち，動能機能（conative function））に関連し，人間の合理的な思考（すなわち，認知機能（cognitive function））や感情（すなわち，感情機能（affective function））とは対立する。スノウ／コルノ／ジャクソン（Richard E. Snow, Lyn Corno & Doug N. Jackson 1996）が *Handbook of Educational Psychology* で要約しているように，動能（conation），認知（cognition），感情（affect）によって人間のこころを3分割することは，これまで数百年にわたって行われてきた考え方で，次のように，特定の生徒を念頭に置くときには確かに便利な区分である。すなわち，教室内のある生徒のことを説明するとき，熱意，理解力，気質をその明らかな特徴として，たとえば，「ルパートは感性豊かな，頭脳明晰な生徒で，歴史に心から興味を持っている」というように記述することがある。

　要約すれば，「動機づけ」は人間のこころの最も基本的な側面の1つに関係し，学習場面での成功あるいは失敗を決定づける際にきわめて重要な役割を有しているということに，たいていの教師及び研究者は同意することであろう。私の個人的な経験からすれば，本当に外国語を習得したいと願う（すなわち，真に動機づけられている）学習者の99％は，

言語適性（language aptitude）とは関係なく，最低限，かなりの役立つ知識を身につけることができる。

本書の内容

本書は外国語（L2）の分野で初めて，動機づけストラテジー，すなわち，生徒の動機づけを引き出し，それを維持する方法と手法について検討したものである。動機づけの構成要素や特質といった，「動機づけとは何か」についてや，それらが学習にどのような影響を及ぼすかなどについて，これまでに多くの書が出版されてきているが，そうした理論的な知識をどのように教室で適用したらよいかについてはほとんど言及されたことがない。研究者たちがこれまで，おしなべてこの話題について実際に役立つことをあまり語ってくれなかったために，自己流で勝手にやるより他なかったと教師が考えているとすれば，本書はそのような状況に何らかの改善策を提供しようとするものである。

本書は実用書であり，理論的な考察は限られているが，お示しする具体的な教室での手だては手堅い理論的な検討に基づいている。この20年間，私は外国語教師，教員養成機関指導員，専任研究員，大学講師，そして博士課程主任として勤めてきたが，本書は，関連する教育心理学およびL2文献の検討とともに，私のこのような経験から得た洞察に基づいている。動機づけの理論および研究の背景をより詳細に知りたい読者は，第1章の冒頭に掲げる「参考文献」のコラムを参照していただきたい。

本書の使用法

私がこのように言うと奇異に聞こえるかもしれないが，「ビジネスに成功する方法」や「学習者を動機づける方法」といった類の本を読むと，触発されるというよりもむしろ，自分が無力で無能であると思ってしま

うことが多い。教師向けの教育心理学の優れた手引き書であっても，手だてや提言があまりにも多く盛り込まれているために，読者が圧倒されてしまうことがある。私は本書を執筆する間，次の課題を強く意識した。すなわち，どのようにしたら積極的な行動を触発するような，教師が選択できる多様な方策を提案できるか。また，この提案を豊富で多様なものにしつつ，同時にやる気を挫いたり，この領域が複雑でやっていないことがどれほど多いかを感じさせないようにするにはどのようにしたらよいか。

このような難題に答えるべく，重要だと思う次の3つの特徴を本書に付与するように努めた。まず簡潔であること（継続教育に時間的な余裕を持っている人はほとんどいない），第2に体系的であること（他の情報を補ってようやく全貌を知ることができるような背景的知識を提供しても大した意味はない），第3におもしろいこと（私自身は退屈な本は好まない。もっとも，読み出したら止められないような動機づけの本を書くことは決して容易なことではないが…）。

さて，本書の使用法について。どんな本であっても，普通は第1章から読み始める。しかし，ここではそれは必ずしも得策でないかもしれない。第1章は動機づけの理論的概観を含み，背景的情報として役立っても，動機づけストラテジーを効果的に用いるために必ず必要ということはないからである。教室で用いる手法については2章から5章で紹介してあるので，すぐにそこに行くほうが手っ取り早いこともある。また，目次や索引から特に興味を持っていたり関心のある部分を選んで，その部分の記述を検討することで，本書を参考書として活用することもできる。

少し変則的な方法かもしれないが，多くの読者に勧めたい方法として，本書のいちばん最後，すなわち「おわりに」から読み始めるのもよい。そこでは，自分の動機づけの技術を開発する際に，大切なのは選んだストラテジーの量ではなく，質であることが強調されている。すべてのストラテジーを一挙に習得しようとするよりも，自分の指導法と学習者集

団に適した少数のストラテジーを選んで，選択的で段階を追った手法をとるほうが，多くの読者にとってより有効であろう。私にはその手法が向いていることは確かである。こうした立場を踏まえて，「おわりに」では，動機づけを大切にした教育実践について，一般的な指針とともに具体的な提言を提示した。

　成果を期待して。

訳者はしがき

　教育の刷新を求める声は，時代，場所を選びません。英語教育も例外ではありません。それどころか，英語教育は世論の厳しい批判の矢面に立ち，改革をもっとも強く求められてきた教科です。英語教師全員を対象にした集中研修の実施や，小学校段階からの英語教育の開始の動きなどの制度面からの改革を目指す動きがある一方で，草の根的な，下からの改善の努力も積み重ねられてきています。個々の教師がコミュニケーション活動，タスク，自己表現活動など様々な活動を取り入れた指導を行い，コミュニケーション能力の向上を目指した実践を展開してきているのは，その一例です。

　しかし，こうした双方向からの改革の努力が実を結ぶためには，学習の主体である学習者の英語学習に対する意欲や関心，すなわち，動機づけが不可欠です。動機づけが不十分であれば，どのように優れた指導法をもってしても，成果は期待できません。本来，外国語は，母語と多くの言語特性を共有しています。それ故，母語習得と同じように，学習者が外国語を学ぶのに十分な程度，動機づけられている限り，外国語の日常的な運用能力の習得は誰にも可能です。それは，全世界で，単一言語使用者（monolingual）を二重あるいは多重言語使用者（bi-/ multi-lingual）が数の上で凌駕し，さらに後者は学校等の正式な場面での指導よりも，「自然な」，教師に頼らない自発的な学習による習得の事例がはるかに多いことからも伺えることです。本書の著者ドルニェイが，外国語学習の成否は，その99％が動機づけによる，と言っているのはあながち誇張ではありません。

　乱暴な言い方をすれば，指導法云々よりも，学習者にやる気を起こさ

せ，それを維持することの方がずっと大切であり，そのための具体的な方法，すなわち，ストラテジーを身につけ，実践する能力こそ，今，教師に求められている重要な資質の一部であると言えます。少なくとも，従来の指導法の習得と同程度まで，動機づけの理論と実践の習得を組み入れた教員養成，研修が求められます。本書は，そのための親切なガイドブックとなっています。

　実は，英語教師はだれでも動機づけの必要を強く感じています。どうやったら，生徒，学生にやる気を起こさせることができるか，としばしば頭を悩ませています。特に，学習意欲の低い若者が増加している近年にあっては，英語教師は，学習者の意欲を喚起するために様々な手だてを講じてきました。しかし，その多くは，自己流の試行錯誤による実践であるため系統性に欠け，そのため永続的な効果を挙げず，また個人の成果が他者に共有されることなく埋もれたままになってきました。不運にも動機づけ重視の指導に失敗して，「水を飲みたくない馬に水を飲ませることができない」と言わんばかりに，動機づけには背を向ける教師もいます。しかし，教師にその力量が備わっていれば，すべてと言わないまでも，大多数の学習者の英語学習に対する動機づけを触発し，維持し，保護し，さらに次なる取り組みに向けたより強い動機を育てることができるのです。本書には，この指導力量養成のためのストラテジーが豊富に収められています。

　動機づけは，心理学の重要な領域として，多くの研究がこれまで行われてきました。しかし，英語教師が求めている，英語教育の文脈の中で理解しやすい簡潔な理論的解説と，実際の授業における具体的な適用方法を示した書はこれまでほとんどなく，本書が初めてと言ってもよいでしょう。本書で取り上げられている35の動機づけストラテジーの多くは，従来から重要だと感じられながらも思いつきに頼る他に術のなかった指導の具体的方法を提供しています。さらに，盛り込まれた内容は学習者の特定の年齢，レベルに限定されない妥当性を有し，小学校から大学までのどの英語教師にも参考になる情報が多く含まれています。

訳者はしがき

　従来，この種の書物には実践に基づいているが理論的な根拠に乏しいものか，逆に，日常の英語指導に直接的な関連の乏しい，難解な情報に溢れた学術的な理論書のいずれかに傾くきらいがありました。本書は，外国語教育の立場から，錯綜する理論を手際よく整理し，豊富な外国語教育経験に基づいた動機づけストラテジーを体系的に示しています。それは，英語教育のみならず，教育活動全般に活用できる幅広い適用力を持っています。授業で効果が立証されたストラテジーは他の英語教師とはもちろん，広く他教科の多くの教師とも共有し，学習者の学習全般に対する動機づけに役立てられることを期待します。

　本書は構成上も大きな特色を持っています。それは，囲み記事が大変多いことです。その内容は，参考文献の紹介から，原著者お気に入りの名言，名句などを含む多様なソースからの引用，さらには本文の関連箇所の敷衍まで，まさに多種多様な範囲に及んでいます。訳出にあたり，本文との関連を考えて取捨選択も一時は考えましたが，原著の趣旨を尊重して，すべて収載しました。ただし，囲み記事が本文のつながりを分断することのないように，その配置と活字の大きさで編集上の工夫をしました。読者には本文を読みながら一息ついたところで囲み記事を楽しんでいただければと考えております。

　訳者のうち，米山は動機づけについてかなり前から関心を持っていました。1960年代から70年前半に精力的に研究活動を展開したJakobovitsにハワイ大学で親しく話を伺い，またペーパーをまとめたこともありました。関氏は，大学在学中から動機づけに興味を持ち，修士課程を修了して高等学校，短大で動機づけ重視の教育，研究活動で熱心に研究と実践に打ち込み，目覚ましい成果を挙げています。本書の翻訳は，随分前から2人で話し合っておりました。ようやく，今回その夢が実現したことを大変喜んでおります。

　本書の最後に，訳者補遺として，動機づけ重視の指導実践を収載しました。これは関氏の手になるもので，これまでの実践を本書のストラテジーの体系に基づいて整理したものです。動機づけのストラテジーは万

能薬ではなく,「人を見て法を説く」ことがとりわけ重要な意味を帯びる領域です。西洋圏で妥当な手法がすべて我が国で有効に用いられるとは限りません。これは,本書で何度も指摘されていることです。しかし,最初から排除することもまた愚かです。ここにまとめられた実践録は,我が国における動機づけストラテジーの有効性を示す1つのモデルであり,また,The proof of the pudding is in the eating. の諺のごとく,本書の内容を実践を通して補い,説得的に解説することも目指しました。「訳書補遺」とした所以です。

翻訳作業は,最初にほぼ同分量になるように分担を決めて各自の責任で翻訳を行い,相互に検討の上,米山が最終的な責任を取ることとしました。この方針に則って,第1校ができた段階で交換し,気づいた点を互いに忌憚なく指摘し合いました。修正した第2校を再度検討し,第3校をさらに交換して最終稿を作りました。e-メールの活用で作業は効率よく進められたものの,差し向かいで長時間検討することも数回に及びました。索引は原文を参考にしながら,さらに充実することにし,米山の提案を受けて関氏が原案を作成し,何度か修正を加えて完成させました。

作業の間,関氏は県立新潟女子短期大学の渋谷義彦教授,小谷一明助教授,新潟国際情報大学の Prof. Gregory Hadley, そして Ms. Solveig Boergen(関氏の奥様)の援助を仰ぐ機会が多くありました。改めて厚く御礼を申し上げます。原著者に問い合わせ,原文の一層の正確を期した箇所もあります。努力はかなり尽くしましたが,力及ばず,誤りを含む不備のあることをなお懸念しております。ご指摘賜るようお願い申し上げます。出版を引き受けて下さった大修館書店,また,我々の提案を受け止め,編集の労を取ってくださった編集部の北村和香子氏には,いつものことながら,心から感謝を表するものです。

2005年10月

訳者代表　米山朝二

動機づけを高める英語指導ストラテジー 35

目次

はじめに／iii

訳者はしがき／viii

第1章　動機づけについての予備知識　　3
1.1　動機づけ理論の紹介 ……………………………4
1.2　人を動機づけるということ ……………………25
1.3　動機づけストラテジー …………………………30

第2章　動機づけのための基礎的な環境を作り出す　　34
2.1　適切な教師の行動 ………………………………34
2.2　教室内の楽しい，支持的な雰囲気 ……………45
2.3　適切な集団規範を持った結束的学習集団 ……48
　〈ストラテジー　1〜8〉

第3章　学習開始時に動機づけを喚起する　　58
3.1　学習者の言語関連の価値観と好ましい態度を
　　 養成する …………………………………………59
3.2　学習の成功期待感を高める ……………………67
3.3　学習者の目標志向性を高める …………………69
3.4　教材を学習者に関連の深いものにする ………73
3.5　現実的な学習者信念を作る ……………………78
　〈ストラテジー　9〜16〉

第4章　動機づけを維持し保護する　　83

- 4.1　学習を興味をひく楽しいものにする …………………84
- 4.2　動機づけを高めるようにタスクを提示する …………92
- 4.3　具体的な学習者目標を設定する ……………………96
- 4.4　学習者の自尊感情を守り自信を強める ……………102
- 4.5　学習者に肯定的な社会的心象を持たせる …………115
- 4.6　学習者間の協力を促進する …………………………119
- 4.7　学習者自律性を培う …………………………………122
- 4.8　学習者が自ら動機づけを高めるストラテジーを
　　　促進する ………………………………………………129
　　　〈ストラテジー 17〜30〉

第5章　学習経験を締めくくる：肯定的な自己評価を促進する　　140

- 5.1　動機づけの帰属を高める ……………………………141
- 5.2　動機づけのフィードバックを与える …………………147
- 5.3　学習者の満足感を高める ……………………………149
- 5.4　動機づけを高める方法で報酬と成績評点を与える　152
　　　〈ストラテジー 31〜35〉

終わりに　動機づけ重視の指導実践を目指して　　162
　　　〈ストラテジー 1〜35 まとめ〉

［訳者補遺］動機づけを高める英語指導　実践事例　　176

参考文献／190
事項索引／200
人名索引／206

謝辞

　言語教育の動機づけが実際，どのようなものであるかを私が初めて具体的に理解できたのは次の諸氏のご教示によるものでした：Cynthia Beresford, Péter Medgyes, Kálmán Németh, Mario Rinvolucri, そして Penny Ur。また，本書の草稿段階における匿名の校閲者の方々には，幾度となくきわめて建設的で鋭い批評と示唆をいただきました。さらに，ケンブリッジ大学出版局の Mickey Bonin 氏からは，本書がまだ漠然としたアイディアに過ぎなかった最初の段階から助言と支援を絶え間なくいただきました。これらの方々に，改めて，ここに謝意を表します。

　皆さまのすべてと家族，友人，同僚，そして学生の皆さんからこれまで20年間にわたり，動機づけについて学んできました。心からお礼を申し上げます。

動機づけを高める
英語ストラテジー35

第1章 動機づけについての予備知識

　言語教師は，学習がうまくいった者とそうでない者について説明するときに，たびたび「動機づけ」という用語を使用する。このことは，外国語／第二言語（L2）習得の長く退屈になりがちな過程では，学習者の情熱や学習意欲，そして粘り強さが成功や失敗の重要な決定要因となるという，我々の直感的な——そして私の見方では，正しい——信念を示している。

　実際，たいていの場合，動機づけが十分であれば，学習者は言語適性や他の認知特性の優劣に関係なく，L2の実用的な知識を身につけることができる。逆に動機づけが十分でなければ，いかに頭脳明晰な学習者であっても，本当に役に立つ言葉の知識を習得できるくらい十分な期間，学習に取り組み続けることはおそらくないであろう。

　この章では，教育心理学とL2の両分野における動機づけ研究の動向を紹介する。様々な学者が行ったこれまでの動機づけ概念の解釈，現代の研究動向，そして，理論的知識を教室内の学習者を動機づけるための実践的技術に適用する方法を説明す

> **よく言った！**
> 　授業観察を重ねるにつれて（計算したところ，この10年間で多数の教師の授業をのべ500回をはるかに上回る回数観察した），何より大切なのは動機づけだという確信を強く持つようになった——生徒が動機づけられていればすべてうまくいく。しかし生徒が動機づけられていなければ，何をやってもだめだ。
> （教員研修を担当している友人，Christopher Ryanからのe-mailより）

る。さらに，最後に，次章以降の議論の基礎となる動機づけストラテジーの分類を提示する。

> 【参考文献】
> 　本書は，動機づけ理論についての包括的な解説をするというよりも，むしろ実践的な問題を取り上げ，教室で実践に役立つ具体的な提案をすることを意図している。この領域の理論的背景についてより深く知りたければ，最近出版した概論書である **Teaching and Researching Motivation**（Dörnyei 2001）を参照してほしい。そこでは，動機づけに関する最新の考え方の主要な論点と課題を包括的に概観している。また，動機づけの研究方法を詳細に記した項を含んでおり，自分で調査研究を行おうとしている人々のために指針を提供している。さらに，20編の最新の研究を集め，ハワイ大学のリチャード・シュミット（Richard Schmidt）氏と共同編集した論文集として，**Motivation and Second Language Acquisition**（Dörnyei and Schmidt 2001）がある。この論文集には，国際的な学者たちによる動機づけ関連の広範囲な話題を扱った論文が収められている。
> 　教育心理学の分野では，特に役立つ2冊の本に出会った。Jere Brophy（1998）**Motivating Students to Learn** と，Paul Pintrich and Dale Schunk（1996）**Motivation in Education** である。簡潔かつ最新の研究概要は，**Handbook of Child Psychology**（Damon and Eisenberg 1998）や，**Handbook of Educational Psychology**（Berliner and Calfee 1996）にも収められている。

1.1　動機づけ理論の紹介

「はじめに」で手短に述べたが，「動機づけ」は，非常に重要な人間の特性であると一般に考えられているが，同時に非常に複雑である概念について話すのに便利な用語である。この用語を使うと，「ルパートはなぜこんなに素晴らしく上達したのか」という質問に対して，彼の熱心な

取り組みを促した要因を詳細に検討しなくても，単に「彼は動機づけられているから」と答えることができる。同じように，もしルパートが何かをやりたがらないとき，その理由を「彼は動機づけられていないから」と容易に説明でき，彼の消極的な態度を生み出した原因を残らず詳述しなくともすむ。言い換えれば，「動機づけ」は行動に先行する事件・事情（すなわち原因と起因）を述べる一般的な方法なのである。したがって，先行する事件・事情が何かということが，動機づけ心理学の中心的な論点となっている。

人間の行動には2つの基本的な特徴，すなわち「方向」(direction)と「大きさ（強さ）」(magnitude)があり，動機づけは当然，この両方に関係する。動機づけは以下の2点に関与している。

・特定の行動の選択
・行動に費やされる努力と，行動の持続

したがって，動機づけは，なぜ人が何かをやろうと決定するのか（why），どのくらい熱心に取り組むのか（how hard），そして，どのくらいの期間その活動に意欲的に取り組むことができるのか（how long），を明らかする。

これまでのすべての動機づけ理論は，これら3つの問いに答えるために構成されてきたが，率直に言って，これらの問いに十分に答えることに成功した理論は1つもない。しかしこれは驚くべきことではない。人間の行動は非常に複雑であり，基本的な身体的欲求（basic physical needs：空腹など）から，幸福への欲求（well-being needs：経済的安心など），そしてより高いレベルの価値や信念（value and belief：自由への欲求や神への信仰など）まで，広範囲にわたる数多くの要因の影響を受けているのである。これらすべての多様な動機の相互関係を説明できる包括的な理論をいまだ見つけ出せていないからといって，我々に動機づけ心理学者を批判することはできないであろう。

「何が行動を引き起こすか」というような大きな，そして重要な問題に立ち向かうときには，学者間で主張に必ず違いが生じることは十分想

像できるだろう。実際，心理学ではそれぞれの学派が，人間の行動や思考の方法について，非常に異なる説明をしている。そして，動機づけについての解釈も歴史とともに変化してきている。20世紀前半は（ジグムント・フロイト（Sigmund Freud）に見られるように），動機づけはその多くが無意識的な，もしくは抑圧されている，基本的な人間の本能（instinct）と衝動（drive）によって決定づけられているという考え方が支配的であった。このような無意識的な動機は，最近の動機づけの考え方では脚光を浴びることはないが，我々の生活では重要な役割を果たしていることは明らかである。それ故，やがて「再発見」される日が来るであろう。

> **なるほど…**
> 動機づけは重力の概念のように，（外見的な観察できる作用に関しては）説明するのは容易であるが，定義づけは難しい。もちろん，だからといって定義づけへの試みが行われていないわけではない。
> (Martin Covington 1998: 1)

　20世紀中期は行動主義心理学（behaviorist psychology）に関連する条件づけ理論（conditioning theory）が主流であった。そして，かなり多くの研究で，刺激と反応が習慣形成とどのように相互作用するかに焦点が当てられた。多くの研究結果は，パブロフのイヌやスキナーのネズミのように，人間ではなく動物実験に基づいたものであるが，それでも得られた知見の多くは，学習段階における練習とドリル，正と負の強化，または学習における賞罰などについての論点を理解するために適切なものである。

　1960年代はさらに重要な変化をもたらした。一部には行動主義の機械論的な考え方への反動から来たものであろう。カール・ロジャーズ（Carl Rogers）やアブラハム・マズロー（Abraham Maslow）といった，人間学的心理学（humanistic psychology）の学者たちは，人間生活の中心的な原動力となるのは，（ネズミやイヌとは異なり）自己実現傾性（self-actualising tendency），つまり，個人的成長を果たし，遺伝として受けついだ能力や素質を十分に発達させることへの願望であると

提案した。マズロー（Maslow 1970）は，有名な「欲求階層」（Hierarchy of Needs）において，基本的な欲求を以下の5つの階層に区分した。

- 生理的欲求（physiological needs：例えば空腹，のどの渇き，性的フラストレーション）
- 安全の欲求（safety needs：安全や秩序への要求。苦痛や恐怖からの保護への要求）
- 所属と愛の欲求（belongingness and love needs：愛情や社会的受け入れへの要求）
- 承認の欲求（esteem needs：能力や承認，評価を得ることへの要求）
- 自己実現の欲求（self-actualisation needs：素質や能力を実現し理解や洞察を得ることへの要求）

これらの欲求は階層を形成しており，まずより低次の生理的な基礎に立つ欲求が満たされなければならず，その上で，より高いレベルを満たすことによって実現される強い幸福や達成感を目指して努力することができるというものである。

動機づけ心理学（そして心理学全般に）の現在の動向を特徴づけるもう1つの理論として，認知理論（cognitive approach）があげられる。この理論は，個人の意識的な態度や思考，信念，そして出来事の解釈が，人の行動に与える影響，すなわち心的過程が行動に変容するしくみに焦点を当てている。この観点に立つと，個人は目的を持った，目標を目指した主体であり，自分が認識した様々な可能性，すなわち自分が考える能力と周囲の支えを踏まえて，様々な個人的な願望と目標を協調させるためにたえず心の中で調整をはかっている。言い換えれば，人が何かをすると決意するか否かは，第一にそれが行うに値することかどうか，次にその試みをうまく遂行できるかどうか，そして自分の周りの人々や学校から受けられる支援が十分であるかどうかを考えた上で決定される。その過程はすべて論理的なものである。

心理学における最近のアプローチの概観

　最近のこの分野の特徴としてあげられる動機づけの概して認知的な見解の中でも，我々は驚くほど多くの代替理論や競合理論を目にする。この多様化の理由を理解するためには，人間の行動に潜在的に影響を与え得る動機が，気が遠くなるほど多様であることに気づく必要がある。たとえば，ある心地よい午後，公園のベンチに座っていたジャッキーという若い女性が立ち上がって走り始めたとする。彼女にこの行動をとらせた様々な理由を考えてみよう。

- 彼女はジョギングを楽しんでいる。
- 彼女は健康増進のために，毎日午後にジョギングをすることを決意した。
- 彼女は必死に体重を減らそうとしている。
- ルパートが小道をジョギングして現れ，彼女は彼と一緒に走りたかった。
- スポーツのコーチが彼女に立ち上がって走り続けるように言った。
- 彼女はランニングシューズを宣伝するテレビコマーシャルに高いギャラで出演することになった。今は撮影中で，ちょうど休憩が終わったところだ。
- 黒い犬が突然現れ，彼女を追いかけ始めた。
- 急いで家から何かを取ってこなければならないことに気づいた。

もちろん，このリストは全く完全なものではない。しかし，動機づけが実に幅広い様々な要因を含む包括的な用語であることはうまく説明している。このため，動機づけ心理学者は，これまで人間の行動の変動（variance）のかなりの割合を説明できる比較的少数の主要な変数

> **全くそのとおり！**
> 　動機づけのような広く複雑な仮説的構成概念（hypothetical construct）には，いつも議論の余地があるものだ。
> 　　　　　(Raymond Wlodkowski 1986: 12)

（variable）を特定することにより，人間の行動の数多くの潜在的な決定要因を「減らす」試みに多くの努力を傾けてきた。言い換えれば，単に他の動機よりも重要ないくつかの動機を特定することがこれまでの課題だった。大まかに言えば，「もっとも重要な」動機についての見解は学者間で異なるが，その見解の相違こそが，様々な競合する理論の間の相違点なのである。表1（次ページ）は現在優勢な動機づけ理論の要約である。

　表1を見ると，それぞれの立場はそれ自体では十分に納得できるものであることは認められる。成功を期待し，結果に価値を認めてこそ，人は何かをすることに動機づけられるという議論（期待価値理論：expectancy-value theory）や，目標こそが特定の行動に意味や方向性，目的を与えるという議論（目標理論：goal theory）に異議を唱える者はほとんどいない。人は一般に，自分がより有利な状態になるようにふるまうように動機づけられているという事実（自己価値理論：self-worth

---

なるほど…

　概念として，動機づけは扱いづらい。動機づけは，心理学研究の中でも強い影響力を持つ幅広い学問領域であり，なぜ人がある行動をとるのかを中心課題としている。しかし，相互理解とか厳しく統制された適用領域の観点から見ると，動機づけは心理学の領域をほとんど自由奔放にうろつきまわっている。動機づけはほとんど見さかいもなく，気ままに心理学分野に点在している。動機づけには，20以上の国際的に認知された理論があるが，互いの主張の対立点が多く，実験的手法は異なるし，適切な用語使用と定義の問題をめぐって意見の不一致が続いている。このことは，実際の指導や学習の場面で，誰を信じ，どの理論を適用し，そしてこの大量の錯綜した理論をどのように理解すべきかなどのいくつかの難しい問題を引き起こしてきた。ずらりとたくさん並べられた動機づけの情報から，最も有益で実践的な要素をまとめて一貫して利用するためにはどうしたらいいかを提案したガイドラインを，教師はほとんど見つけることができないのである。

(Raymond Wlodkowski 1986: 44-45)

表1 心理学において、現在最も知られている動機づけ理論の概要

	優れた概要	主要な動機づけ構成要素	主要な動機づけの原理・原則
期待価値理論 (Expectancy-value theories)	Brophy (1999), Eccles and Wigfield (1995)	成功の期待、タスクの成功に付随する価値	さまざまなタスクを遂行するための動機づけは2つの重要な要因の所産である。つまり、与えられたタスクで成功できるという期待 (expectancy of success) と、個人がそのタスクを成功させることにもつ価値 (value) である。知覚している成功の可能性と目標の誘因価 (incentive value) が高いほど、個人の肯定的動機づけもより高まる (67ページ参照)。
達成動機づけ理論 (Achievement motivation theory)	Atkinson and Raynor (1974)	成功の期待、誘因価、達成ニーズ、失敗の不安	達成動機づけは接近傾向と回避傾向の葛藤 (conflicting approach and avoidance tendencies) によって決定される。肯定的な影響として、成功への期待 (もしくは知覚されている成功の可能性)、課題をうまく完成させることの誘因価 (incentive value)、そして達成ニーズがあげられる。否定的な影響には、失敗不安 (fear of failure) や失敗を避けようとする気持ち、そして失敗の確率が含まれる。
自己効力感理論 (Self-efficacy theory)	Bandura (1997)	知覚された自己効力感	自己効力感は、ある特定の課題を実行する能力があるかどうかの自己判断に関わる。その判断に基づいて人は取り組む活動を選択し、費やす努力や粘り強さの量を決定する (102ページ参照)。
帰属理論 (Attribution theory)	Weiner (1992)	過去の成功や失敗についての帰属	自己効力感に開始した原因 (失敗) した原因についての個人的な説明 (原因帰属 (causal attributions)) が、その人が努力とその後に顕著に認められた動機づけだと考影響を及ぼす。学校では、学習者が過去の失敗を能力の低さのせいにすると、努力不足のせいにしたときと比べて、その後の達成に向けた行動を妨げてしまうことがこれまでに確認されている (141ページ参照)。
自己価値理論 (Self-worth theory)	Covington (1998)	知覚された自己価値	人は、自己の個人的価値観を高めるような方法で行動するように強く動機づけられている。この意識が脅かされると、人はそれを守るために必死に努力する。その結果、学校では面目を保つための多くのユニークな形態で表れてくる (104ページ参照)。

1.1 動機づけ理論の紹介

	優れた概要	主要な動機づけ構成要素	主要な動機づけの原理・原則
目標設定理論 (Goal setting theory)	Locke and Latham (1990)	目標の属性：具体性、困難度、熱意	人間の行動は目的によって引き起こされている。そして行動が発生するために、自分の判断で目標が設定されて、その目標が追求されなければならない。個人が目標への熱意を持っているならば、具体的な（無理のない範囲で）目標が、より質の高い学習を産み出す（96ページ参照）。
目標志向性理論 (Goal orientation theory)	Ames (1992)	熟達目標と成績目標	熟達目標 (mastery goal：学習内容に焦点を当てる) の方が、成績目標 (performance goal：能力を外的に示したり良い成績をとることに焦点を当てる) よりも優れている。なぜならば、熟達目標は挑戦することを好むことや、学習活動への内在的な興味、学習への肯定的な態度と関連しているからである。
自己決定理論 (Self-determination theory)	Deci and Ryan (1985), Vallerand (1997)	内発的動機づけと外発的動機づけ	内発的動機づけ (intrinsic motivation) は、あることをするのに喜びを感じるとか、自己の好奇心を満足させるという、喜びや満足感を求めてある行為をそその行為自体のために行うことに関連する。外発的動機づけ (extrinsic motivation) は、外的な報酬（いい成績など）を手に入れることや、罰を回避することなど、目標への手段としてある行為に取り組むことに関連する。人間の動機づけは、自己決定（内発的）による動機づけと統制されてい る（外発的）動機づけの連続体として捉えることができる。
社会的動機づけ理論 (Social motivation theory)	Weiner (1994), Wentzel (1999)	環境の影響	人間の動機づけの多くの部分は個人内というよりも社会文化的環境に端を発する。
計画的行動理論 (Theory of planned behavior)	Ajzen (1988), Eagly and Chaiken (1993)	態度、主観的規範、知覚された行動の統制	態度 (attitude) は行動に指示的な影響を及ぼす。なぜならば、目標に向けての態度はその目標に向かっての方法全般に影響を与えるからである。そして、態度が及ぼす影響は主観的規範（知覚された社会的プレッシャー）と知覚した行動制御 (perceived behavioral control：行動を遂行するのに感じる容易さや困難さ) によって変化する。

theory）や，もし我々が，ある課題を成し遂げることができるという自信に欠けていれば，その課題を避けるという事実（自己効力感理論：self-efficacy theory）に疑問を呈する者もいないだろう。また，我々が過去の行動，特に過去の成功や失敗をどう解釈するかが，現在と未来の行動を決定すること（帰属理論：attribution theory）や，強制されて何かをするよりも，自分自身の意志でやる方がより強く動機づけられること（自己決定理論：self-determination theory）を仮定するのも妥当なことである。最後に，個人的な好き嫌い（例えば態度）も，我々が何をして，何をしないのかを決定するのに重要な役割を果たす（計画的行動理論：theory of planned behavior）。総じて，すべての異なる理論は個々に見ると十分に理解できる。しかしそれらの理論における唯一の問題は，おしなべて他の理論を無視し，多くの場合，他の理論との統合を目指そうとさえしないことにある。そのため我々は，全体像をかなり断片的にしか把握することができないのである。

● 実践のために必要とされる動機づけ理論とは？

　動機づけの「純粋」理論，つまりただ１つの理論的見解のみを表し，それ故に少数の特定の動機づけ要素とのみ結びつけられていて，異なる道筋をたどる研究をおしなべて無視してしまうようなモデルは，教室内で効果的に活用することはできない。教室は，生徒たちが生活の中の相当に多くの時間を過ごす複雑な小宇宙である。教室は生徒たちがスキルを身につけ世界について学ぶ場であるだけでなく，友達をつくり，恋をし，前の世代に反発し，自分自身を理解し，人生の目的を探し出す場でもある。手短に言えば，彼らが成長する場である。教室内ではあまりに多くのことが同時進行しており，ただ１つの動機づけの法則がこの複雑な環境をうまく説明できるはずがない（Stipec（1996），Weiner（1984）を参照）。したがって，生徒がなぜある態度をとるのかを理解するためには，多様な観点を説明できる，詳細で適切な折衷的な構成概念が必要と

なる。いくつかの主要な動機は，それらが学習行動全体に大きな影響を与えるという点で際立っている。しかし，他にも基盤となる動機づけの影響，つまり積極的に存在することによって生徒の成功を後押しする一方で，存在しないことによって他のすべての要因が取り消されたり，もしくは著しく弱められたりするというような影響が多数存在する。

L2分野における様々なアプローチの概観

　L2の分野における動機づけ研究は，伝統的に心理学の主流のアプローチとは異なる部分により大きな重点を置いてきた。これは主として，我々の分野が，明確に「言語」を対象としていることによる。言語は単なるコミュニケーションのための記号以上のものであり，その文法規則や語彙は学校での他の教科目とまったく同じように教えられていいわけではないことは，あえて正当化する必要もないだろう。今日まで，L2分野での動機づけ研究の第一人者であり続けるロバート・ガードナー (Robert Gardner) は，1979年の独創的な論文の中で，学校教育でのL2もしくは外国語は，単なる「教育」や「カリキュラム」の範囲を越え，目標言語話者の文化的遺産をも伝達するものだと強く主張する (Gardner 1979)。そのため，言語を教えることは，別の文化の要素を学習者自身の「生活空間」に無理やり押しこむことだと考えることもできる。L2を学習するためには，例えばフランス語を例にとれば，学習者はフランス人としてのアイデンティ

> **なるほど…**
> 　動機づけの真の問題点は，言うまでもなく皆がただ1つの単純な答えを求めていることである。教師は，訓練すればすべての生徒が宿題をやりたくなり，放課後の質問に訪れ，テストや通知表でいい成績をとることのできるような単一の教授法を探し求めている。しかし残念なことに，生徒たちを動機づけるには，日々異なる多様な手法を用いなければならないのが現実である。
> (David Scheidecker and William Freeman 1999: 117)

ティを身につける努力をしなければならないし，フランス語で考え，（部分的，一時的にであっても）少しだけフランス人のようになることを学ぶ必要がある。

　言語と文化が密接に結びついているという想定は，学習者が何らかの理由でL2社会を好まず，そのためにそのL2文化の要素を行動のレパートリーに組み込むことを拒んでしまうことがあるような状況によって真実であることが証明される。例えば私の育ったハンガリーでは，どの学校の子どもも数年間，ハンガリーの共産主義の「偉大な兄貴」（Big Brother）の言語であるロシア語学習に取り組まなければならなかったが，その成果はほとんど上がらなかった。私自身，10年以上ロシア語を学習したのにアルファベットすら思い出せないし，それはその当時としては普通のことだった（そして今ではそのことを後悔している）。

> **本当だ！**
> 　外国語学習には，たとえ目標言語圏に実際に足を踏み入れることがないにしても，その言語圏の文化の学習もある程度含まれる。言語と文化は互いに密接な関係にあり相互に関連している。クラブのメンバーがそのクラブなしには存在しないのと同じで，人は真空の中には存在しない。人は何らかの枠組みの一部である。その枠組みとは，例えば家族や地域社会，国，伝統，知識の貯蔵庫，もしくは世界観などである。要するに，人は皆，文化の一部なのである。そして，人は皆，その文化を表現し，その文化の伝統の中で活動し，世界を分類するのに言語を用いる。したがって，もしある言語話者とコミュニケーションを行おうとするならば，その言語の背景にある文化を理解する必要がある。
> 　　　　　　　（Douglas Brown 1989: 65）

　したがって，言語学習はL2の文化の広範囲にわたる要素を組み入れることが要求される，非常に社会的な色合いの強い取り組みである。そのため，1960年代から1990年代にかけてのほとんどのL2動機づけ研究は，L2やL2話者，そしてL2文化に対する学習者の認識が，その言語の学習願望にどのように影響を及ぼすかを焦点とした。研究のこの方向性には，カナダの社会心理学者集団，とりわけガードナーやウォリス・ランバート（Wallace Lambert），そしてリチャード・クレメント

（Richard Clement）が先頭に立って活気を与えた。彼らの理論は，今日でもL2の分野で最も影響力のあるアプローチの1つを代表するものなので，まずその理論をもう少し詳細に検討することから，我々のL2動機づけの探索を始めたい。

 ## カナダにおける社会心理学的アプローチ

L2動機づけ研究がカナダで始まったのは，決して偶然のことではない。カナダは世界でもまれな二言語使用地域であり，全住民は2つの強力な国際語（英語とフランス語）の話者に「公式に」分けられている。その結果，その2つのカナダの公用語間での競争が非常に熾烈になっていた。ガードナーと彼の同僚は，相手側の社会での使用言語についての知識が，2つの社会の間の仲介役としての役割を果たすと主張した。このことは，相手の社会の言語を学ぶ動機づけが，カナダ国内でのコミュニケーションと宥和を強化，もしくは妨げる重要な要因でもあることを意味する。この議論は直感的にうなずけるものであり，政府機関にも好意的に受け入れられた。そしてこの領域の研究支援のために多額の研究費が準備された。ガードナー／ランバート (Gardner and Lambert 1972 を参照)によって得られた最初の成果は，国際的な関心を引き起こすのに十分な力を持っていた。そして，類似した手法を用いた調査が瞬く間に

> **おっしゃるとおり！**
>
> 外国語学習が他の教科の学習と異なることに関しては疑いの余地がない。外国語学習の社会的特性が，その主な理由である。結局，言語は人の社会的存在全体の一部である。つまり，言語は人のアイデンティティの一部であり，そのアイデンティティを他者に伝達するために使われる。外国語学習は，単にスキルや規則体系，そして文法の学習をはるかに超えたものを含んでいる。つまり，それは自己像の変化や，新しい社会的・文化的行動様式と存在方法を取りこむことに関連する。それ故，外国語学習は学習者の社会的性質に重大な影響を与えるのである。
>
> (Marison Williams 1994: 77)

世界中で行われた。

　カナダの社会心理学的アプローチは，L2社会に対する態度（例えば英語話者のフランス語話者に対する感情）が，L2学習に強い影響を及ぼすという基本理念を持っている。この立場も十分理解できる。私がハンガリーで育った経験と同様に，軽蔑している社会の言語学習に成功しそうな学習者はほとんどいない。このアプローチはまた，言語学習者の目標は次の2つの広義のカテゴリーに分類されると仮定する。

- **統合的志向**（integrative orientation）：L2集団に対する肯定的な気持ちと，その社会と交流し，さらにはその社会の大切な成員と類似した存在になることへの希望を表す。
- **道具的志向**（instrumental orientation）：外国語学習は，主としてより良い仕事やより高い給料を得るなどの期待される実利に関連する。

　この2つの志向はL2分野で広く知られているが，ガードナーの理論の中で最も入念に深く研究されているのは，統合的／道具的という二重性ではなく，「統合的動機」（integrative motive）のより広範な概念である。この構成概念は3つの主要な要素から成っている（この略図は図1を参照）。

- **統合性**（integrativeness）：統合的志向，外国語への興味，そしてL2社会への態度を包含する。
- **学習環境への態度**（attitudes toward the learning situation）：教師と授業への態度を含む。
- **動機づけ**（motivation）：動機づけの強さ，その言語を学ぼうとする願望，そして言語学習への態度で構成される。

　クレメント（Clement 1980, Clement et al. 1994）は，ガードナーの動機づけモデルを補強するものとして，「言語に関する自信」（linguistic self-confidence）の概念を動機づけの重要な下位システムとして紹介した。これは，主流の心理学研究において強く重要性が指摘されている自己効力感（self-efficacy）の概念と合致している。

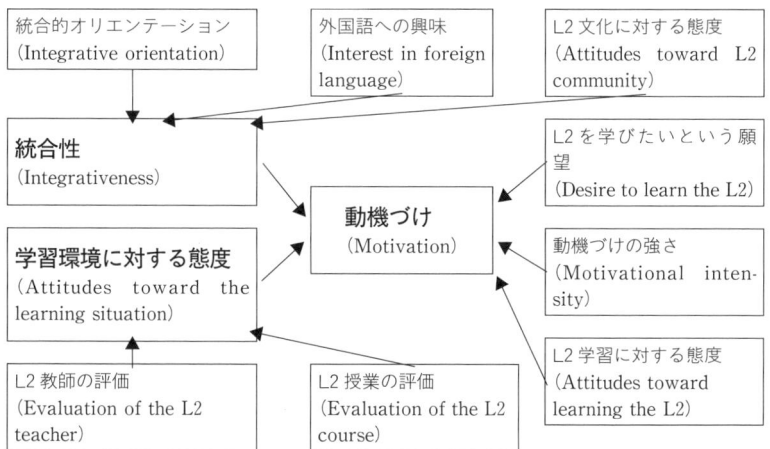

図1　ガードナーの統合的動機の概念図

 1990年代の教育の変化

　1990年代になると，L2動機づけについての学者の考え方が変化してきた。社会文化的な側面の重要性に疑問を投げかける者は誰もいなかったが，その一方で世界中の様々な地域から聞こえてくる一般的な声は，「動機づけにはもっといろいろな側面がある！」というものであった。グレアム・クルックス／リチャード・シュミット（Graham Crookes and Richard Schmidt 1991: 469）は彼らの「所信表明論文」の中でこのことを最も明白に述べている。

　　第二言語学習における動機づけをトピックとした議論は，応用言語学の分野の知見によるものに限られていた。その観点では，主要な強調点は態度や第二言語学習の社会心理学的側面に置かれていた。しかしこの観点が，第二言語教師が動機づけという用語によって意味することを十分正確に表しているとはいえない。外国語教師が動機づけという用語に対してくだす定義は，社会心理学の枠を超えて，特に教育において一般的になっている定義とより合致しているのである。

つまり，研究者たちは実際には，教育心理学における動機づけ理論と，L2の分野における動機づけ理論との格差を縮めたがっており，これまでは社会的側面に視点を向けすぎたために，動機づけの他の重要な側面が見過ごされ軽視されてきたと主張した。その結果，いくつかのより広範な新しいL2動機づけの構成概念が提案され，そのすべてが古い要素と新しい要素を何らかの方法で統合したものであった。その新しいアプローチを説明するために，ドルニェイ（Dörnyei 1994）とウィリアムズ／バーデン（Marion Williams & Robert L. Burden 1997）によって提案された，90年代で最も詳しい2つの枠組みを紹介する。

● ドルニェイ（1994）によるL2動機づけの枠組み

ドルニェイの1994年のモデル（表2参照）は「教育的アプローチ」（educational approach）のよい例である。なぜならば，はっきりと教室の観点から動機づけを捉えているからである。このモデルは，L2動機づけを次の3つのレベルで概念的に説明する。

- 「言語レベル」は，L2の特徴に関する多様な要素，例えば文化や社会，またそれに関連する知的・実用的価値と利益などを網羅する。つまり，このレベルは統合性（integrativeness）と道具性（instrumentality）に関係のある伝統的に確立されたL2動機づけの要素を表している。
- 「学習者レベル」は，学習過程に影響を与える個々の学習者の特性を含む。最も顕著なのは「自信（self-confidence）」であり，これはクレメントのこのトピックに関する研究の影響を反映している。
- 「学習場面レベル」（learning situation level）は，教室場面でのL2学習の多様な側面に根ざしている場面特有動機（situation specific motive）に関連する。具体的には，授業特有の動機づけの構成要素（教育課程や指導教材，指導法，そして学習課題に関連する），教師特有の動機づけの構成要素（教師の人柄，行動様式，教育方法／実践

表2　ドルニェイ（Dörnyei, 1994）のL2動機づけの枠組

言語レベル (LANGUAGE LEVEL)	統合的動機づけの下位システム（Integrative motivational subsystem） 道具的動機づけの下位システム（Instrumental motivational subsystem）
学習者レベル (LEARNER LEVEL)	達成ニーズ（Need for achievement） 自信（Self-confidence） ＊言語使用不安（Language use anxiety） ＊知覚しているL2能力（Perceived L2 competence） ＊原因帰属（Causal attributions） ＊自己効力感（Self-efficacy）
学習場面レベル (LEARNING SITUATION LEVEL) 授業特有の動機づけ要素 (Course-specific motivational components)	（授業に対する）興味（Interest） （個人のニーズに対する授業の）関連性（Relevance） （成功の）期待（Expectancy） （結果についての個人の）満足感（Satisfaction）
教師特有の動機づけ要素 (Teacher-specific motivational components)	（教師を喜ばせたいとする）親和動機（Affiliative motive） 権限のタイプ（管理的対自律支援的）（Authority type） 動機づけの直接的な社会化（Direct socialization of motivation） ＊モデリング（Modeling） ＊タスクの提示（Task presentation） ＊フィードバック（Feedback）
集団特有の動機づけ要素 (Group-specific motivational components)	目標志向性（Goal-orientedness） 規範と報酬システム（Norm and reward system） 集団結束性（Group cohesiveness） 教室内目標構造（協調的，競争的，もしくは個別的）（Classroom goal structure）

が動機づけに及ぼす影響に関わる），そして集団特有の動機づけの構成要素（学習者集団の特性に関連する）からなる。

ウィリアムズ／バーデンのL2動機づけの枠組み

　動機づけ要素のもう1つの詳細な枠組みは，マリオン・ウィリアムズ／ロバート・バーデン（Marion Williams and Robert Burden 1997）によって，言語教師のための心理学の概観の一部として提案された（表3参照）。彼らもまた，L2動機づけを複雑で多面的な概念だと見なしたが，構成要素の分類についてはドルニェイ（Dörnyei 1994）の枠組みとは異なる原則に従った。ウィリアムズ／バーデンの概念では，主に動機づけの影響が内的なものであるか，もしくは外的なものであるかによって範疇分類を行った。そして，教育心理学のいくつかの最新テーマに従って，その2つの範疇の下に多くの下位要素を分類した。

言語学習動機づけのプロセス・モデル

　これまで様々な理論を簡潔に概観してきたが，最後に，私自身が近年取り組んでいるモデルを提示したい。このモデルはL2動機づけ研究における新しいアプローチを反映したものである。以下，説明する構成概念は，友人であるイスバン・オットー（István Ottó）（Dörnyei and Ottó 1998, Dörnyei 2000, 2001）と協力して考案した，より一般的で詳細なモデルの考え方を示したものである。

　このモデルの新しい要素は，「過程志向アプローチ」（process-oriented approach）に基づいているという点である。つまりこのモデルは動機づけを動的（dynamic）なものとして捉えており，「時間の経過による動機づけの変化」を明らかにしようと試みている。この考えは重要であると信じている。なぜならば，我々が第二言語習得のような長期にわたる学習活動を話題にするときには，動機づけを数ヶ月，数年にわ

表3 ウィリアムズ／バーデン（Williams and Burden, 1997）のL2動機づけの枠組み

内的要因	外的要因
活動への内在的興味 ● 好奇心の喚起 ● 適度の挑戦 知覚された活動の価値 ● 個人的な関連性 ● 結果の期待値 ● 活動に付与される本質的価値 主体感 ● 原因作用の中心 ● 制御中心：過程と結果 ● 適正目標設定能力 習熟 ● 有能感 ● 技能向上と選択分野での習熟の自覚 ● 自己効力感 自己概念 ● 必要とされる技能に関する自己の長所と欠点の現実的認識 ● 成功と失敗の個人的定義と判断 ● 自己価値の関心 ● 学習された無力感 態度 ● 言語学習全般への態度 ● 目標言語への態度 ● 目標言語の社会と文化への態度 他の感情状態 ● 自信 ● 不安，恐れ 発育年齢と発育段階 性別	重要な他者 ● 親 ● 教師 ● 仲間 重要な他者との交流の性質 ● 媒介学習体験 ● フィードバックの質と量 ● 報酬 ● 適切なほめことばの質と量 ● 罰，制裁 学習環境 ● 居心地よさ ● 教育資料 ● 時間（一日単位，週単位，年間） ● クラス及び学校の規模 ● クラスや学校の規範 より広い背景 ● 広い家族のネットワーク ● 地域の教育システム ● 対立する利害 ● 文化規範 ● 社会的な期待と態度

たって不変の，安定した学習特性として考えることはできないからである。逆に，ほとんどの教師が気づくことは，生徒の動機づけは変動し，ある程度の浮き沈みを経ながら進んでいくということである。このような変動は，年度途中の様々な局面（動機づけは時間とともに減少するかもしれない）や，生徒が直面する多様な活動の種類など広範囲にわたる要因によって引き起こされることがある。したがって，学校での学習に

適用される動機づけモデルには，時間的側面──すなわち「時間軸」──を含むことが有益である，というのが私の見解である（Dörnyei 2000 を参照）。

我々の過程志向アプローチの基となる主要な前提は，動機づけがいくつかの異なる段階からなるということである。

> なるほど…
> とりわけ制度化された学習の場面で，我々が共通に経験する動機づけは，安定したものではなく，絶え間なく変化するものである。
> （Ema Ushioda 1996: 240）

- 第1に，動機づけは産み出さなければならない。この初期段階の動機づけは「選択動機づけ」（choice motivation）と呼ぶことができる。なぜならば，産み出された動機づけは目標や取り組む課題の選択につながるからである。
- 第2に，産み出された動機づけは，特定の行動が続く間，積極的に維持され，保護されなければならない。動機づけのこの局面は「実行動機づけ」（executive motivation）と呼ばれている。そしてこの動機づけは，とりわけ教室環境での学習に密接に関連している。なぜならば教室での生徒は，学習活動と関係のない雑念，他者からの不適切な妨害，課題に対する不安，もしくは課題の完成を困難にする物理的条件のような，学習から気をそらすあらゆる影響にさらされているからである。
- 最後に，活動の完成に続く3つめの段階がある。この段階は「動機づけを高める追観」（motivational retrospection）と呼ばれ，学習の経過を学習者自身が回顧的に評価することに関わっている。将来，意欲的に取り組む活動の種類は，この追観段階における学習者自身による過去の経験の処理方法によって決定される。

3つの各段階で学習者の行動／思考に影響を与える主要な動機を，図2に列挙した。ここに挙げた動機の中には，この章の前半で議論した，すでに広く知られている概念が多く含まれている。このリストについて

行動前段階

選択動機づけ (Choice Motivation)
動機づけの機能 ● 目標設定 ● 意志の形成 ● 行動の開始
動機づけに影響を及ぼす主な要因 ● 多様な目標特性(目標の適切さ, 具体性, 近接性など) ● 学習過程自体や, その成果と結果に関連する価値 ● L2 とその話者に対する態度 ● 成功への期待と知覚している対処能力 ● 学習者信念とストラテジー ● 周囲の支援もしくは妨害

行動段階　▼

実行動機づけ (Executive Motivation)
動機づけの機能 ● 下位課題の作成と実行 ● （自己の成果の）同時進行的な評価 ● 行動制御（自己調整）
動機づけに影響を及ぼす主な要因 ● 学習体験の質(楽しみ, ニーズの重要度, 対処能力, 自己及び社会的心象) ● 自律感 ● 教師と親の影響 ● 教室内の報酬と目標構造（例えば, 競争対協同） ● 学習者集団の影響 ● 自己調整ストラテジーの知識とその使用(目標設定, 学習ストラテジー, 自己動機づけストラテジーなど)

行動後段階　▼

動機づけを高める追観 (Motivational Retrospection)
動機づけの機能 ● 原因帰属の形成 ● 基準やストラテジーの修正 ● 意図の放棄と新たな計画
動機づけに影響を及ぼす主な要因 ● 帰属の要因（帰属の様式と偏り） ● 自己概念に関する信念（自信や自己価値） ● フィードバック, 称賛, 成績評点

図2　L2教室における学習動機づけのプロセス・モデル

記しておくべき重要な点は，異なる動機づけの段階が異なる動機に刺激されているということである。他の研究者（Heckhausen 1991, Williams and Burden 1997）とも見解が一致していることであるが，何かをする理由をよく考え，続いて行動計画を決める，つまり動機づけを発生させる段階と，動機づけを維持させる段階とでは考え方が大きく異なると信じている。私は図2の構成概念を，動機づけストラテジーの体系的な概観を組織化して提示する際の基礎として利用している。したがって，これらの動機の詳細な説明はここでは省くが，本書の後半で再び言及するつもりである。ただし，過程志向アプローチの根拠をいくらか示すために，多くの教師にとってなじみ深く，さらにこの概念のL2研究への関連性をうまく説明している観察結果を，ここで1つだけ紹介したい。

　成人対象の言語講座では，授業に出席したり宿題を終わらせるといった，日常の要求にうまく対処できないことを理由に，すぐにやめてしまう学習者が珍しくない。我々の視点から見て興味深いのは，これらの学習者の中には，しばらく後に再登録する人もいるということである。実際，このサイクルを数回繰り返す学習者もいる（離婚してまたよりを戻すということを何度も経験している夫婦についての逸話を思い出す）。なぜこのようなことが起こるのだろうか。過程志向の観点からこの行為を説明することができる。講座への登録は，「選択動機づけ」によって動機づけられている。しかし，言語講座の受講期間に要求される継続的な作業を活性化するのは「実行動機づけ」である。つまり，途中でやめてしまう学習者の場合，この動機づけ要因が不十分なのである。しかしながら，一度やめてしまうと，講座での日々の学習の現実をすぐに忘れてしまい，L2学習の重要性についてのより一般的な考えが再び優位に立つ。これは言い換えると，ふり出しに戻って「選択動機づけ」が再び効力を発揮していることを意味する。このようなサイクルが際限なく続くことはない（L2学習をやめてまた始める，という繰り返しを，果てしなく繰り返す人を見たことがあるけれども）。なぜならば，動機づけサイクルの3つめの段階，つまり「動機づけを高める追観」（motivational retrospection）の段階で，ほとんどの学習者が，L2 を身につけていることの価値は認めるものの，講座への出席という現実的な要求には様々な理由により対処できない，という必然的な結論に，遅かれ早かれ到達するからである。

1.2　人を動機づけるということ

　学習者の動機づけについて，心理学と L2 研究の両分野で多くのことが書かれてきた。しかしながら，そのほとんどで，教育実践者の指導を活性化するというよりも，むしろ研究者のさらなる研究調査を促進することに視点が向けられてきた。理論と実践のこの隔たりの１つの原因は，教育現場と研究現場とでは人々が有益だと考える原則の性質が異なることにある。教師が最もよく使える類の知識は，「これをすれば，これを手に入れることができる」というような直接的で明確なものである。しかしながら，心理学者は白黒をはっきりさせる発言をしたがらない。人間に関しては，学習活動の実際の状況や目的とは関係なく，普遍的に真実である規則や原理などはほとんどないからである。自然科学に見られるような絶対的な規則があればそれは素晴らしいことだが，社会科学においてはそのように単純明快なものはない。動機づけ研究においても，公表されてきたもののほとんどすべてが，他の研究によって異議を唱えられてしまうという状況である。したがって，過去の動機づけ研究者は，教師のために一連の実践的提案を公表することをできるだけ避けてきた。

　しかしながら，過去 10 年間で状況が変化し始めた。タイトルに「動機づけ」という語を使った記事や本がどんどん出版されるようになり（この項の終わりにある参考文献を参照），そして最も著名な動機づけ研究者や教育心理学者にも，教室実践への適用に焦点を切り換える者が現れ始めた。何か新しい気運が学界に湧き上がったようである。そのことが学者たちに「首を外に出して，何があるのかのぞいてみる」ことを促したようである。そして幸運なことに，有益な情報を得ることができ

た。動機づけ研究には，時間をかけて証明され，それ故，実用的な用語に安全に転化できるような，一連の基幹的知識が増えている。本書ではこうした知識をまとめることを意図している。実際の動機づけ手法についての議論を始める前に，以下の3つの一般的なポイントについて手短に触れる。

- 人を動機づけるとは正確にはどういうことか。
- 動機づけを高める指導と良い指導はどんな関係にあるか。
- 学習者を動機づけるのは誰の責任か。

> **現実を直視しよう…**
>
> 生徒の多くは，自分の生活を改善する手段として学校を拒絶している。たいていはまず13〜14歳で不登校になり，チャンスがあればすぐに正式に退学する。また，教科書や筆記用具，ノートも置かずに机に前かがみになり，顔にむっつり，どんよりとした表情を浮かべて授業が終わるのをじっと我慢している生徒もいる。2,3の目立った例外を除けば，教師がこのような生徒を理解するための支援や，生徒の無気力・無関心という問題を扱っている書物はほとんどない。　（James Raffini 1993: xi）

● 人を動機づけるのに必要なこと

人に何かをするように動機づけるためには，その人を直接説き伏せることから，その人が特定の行動を選択しやすいように環境を整えることでその人に間接的な影響を与えることに至るまで，多くの異なる手立てが考えられる。時には，よい機会を提供するだけで成果が上がることもある。しかしながら，どんな形式をとろうとも，動機づけの過程は普通，長期間にわたるものであり，「少しずつ信頼感と気配りを高めていくしかない」(Scheidecker and Freeman 1999: 126)。とりわけ教室環境では，ひらめきや天の啓示のように生徒の考え方を瞬間的に変えてしまうような，動機づけを高める劇的な出来事に出会うことはまれである。概して微妙な差異の連続こそが，結果的に永続的な効果につながる可能性を秘めているのである。

動機づけられることが可能なのはどのような学習者か。動機づけの手法についてのほとんどの議論は，「すべての学習者は適切な環境を与えられれば学習に動機づけられ，どの教師もそのような環境を授業内で形成することができる」(McCombs and Pope 1994: vii) という，理想主義的な信念に基づいている。残念ながら，この想定はすべての場合に真実であるとは必ずしも言えない。現実的には，すべての人がすべてのことを学ぶことに動機づけられるというのはほとんどあり得ないことであり，全体的に動機づけられている生徒であっても，すべての教科に同じように熱中できるわけではない。しかし，私の信念は，ほとんどの生徒の動機づけは誘発され高め得るという点で，上の信念と合致している。賞罰が，多くの教師にとって動機づけの唯一の手段であることがあまりにも多い。しかしながら，これ以外にも潜在的にはより効果的な動機づけストラテジーが幅広く存在しており，その内のいずれもうまく働かないということは想像し難いのである。

> **なるほど…**
> それを押せば，人が学びたくなり，熱心に学習に取り組み，責任感を持って行動できるような動機づけの魔法のボタンなどあり得ない。同様に，人に興味・関心を強制することもできない。管理するのではなく手助けすることが，人を動機づける試みにおいて重要である。
> (Martin Ford 1992: 202)

動機づけを高める指導

学習者の動機づけストラテジーをテーマとして修士論文を書いていた最近の大学院生のことを思い出す。彼女から提出された初稿に目を通したとき，私は困惑した。なぜならば，題材の多くが動機づけの実践というより，むしろ効果的な指導法全般に関するものであったからである。しかしながら，しばらく考え，ある意味で彼女は正しいことに気づいた。時として最も効果的な動機づけのための処置は，単に指導の質を改善することである。同様に，教師がどんなにやる気を引き出すことに優れて

いても，指導が明瞭さに欠けていて学習者が教師の意図したプログラムをうまくこなすことができなければ，特定の題材を学ぼうとする動機づけが実を結ぶことはないだろう。しかしそうは言っても，本書で優れた指導法全般を網羅するのは無理である。表4は，動機づけ心理学者であるレイモンド・ウラッドコースキー（Raymond Wlodkowski）による指導の質を高める要因の一覧である。ここに記載されている手法について，本書で取り上げることはできないが，動機づけを高める指導で極めて重要となる教授法上の課題を明らかにしている。

学習者を動機づけるのは誰の責任か？

　動機づけ手法には，教科指導に深く関連しているもの（例えば，動機づけを高める形でタスクを提示する方法）もあるが，その一方で，とり立てて特別の注意と時間を必要とするもの（例えば，自己動機づけストラテジーの提示；第4章4.8を参照）もある。多くの学校環境で常に時間に追われている現実を考えると，「動機づけを改善するのは誰の仕事か」という問いかけは妥当なものである。この点において，現在の状況は明るい展望を与えるとは言えない。一般的に言うと，学習者の動機づけを高めるのは誰の責任でもないのだ。教師は本来，学習者を動機づけるというよりも教科を教えなければならないと考えられており，動機づけの指導なしに教科指導はあり得ない，という事実はしばしば無視される。例えば，世界中の第二言語教師訓練プログラムにおいて，学習者を動機づける技術の向上を教育課程の重要な要素として位置づけたものには，一度も出会ったことがない。

　それでは，学習者を動機づけるのは一体誰の仕事なのか。おそらくそれは生徒の成長を長期的に考える，すべての教師の責務であろうと推測する。短期的には，テスト対策をする方が，学習者集団や個々の学習者の動機づけの質を発達させることに時間を費やすよりも手っとり早く，よい結果を生み出すかもしれないことは認めざるを得ない。しかし，

我々教師は，生徒のテスト対策を唯一の目的としてこの職業に就いたわけではないだろう。さらに，動機づけ訓練は長期的に見れば大きな成果の期待できる投資であるし，教室内での教師自身の生活を今よりもずっと楽しくしてくれるものでもあるのだ。シャイデッカー／フリーマン (David Scheidecker and William Freeman 1999: 9) が的確に表現しているが，教師を動機づけるための真の報酬は給料ではなく，「教師の情熱が生徒に受け入れられることにある。これこそが，投資に対する最高の

表4　ウラッドコースキー（Wlodkowski, 1986: 42）の指導明快度測定チェックリスト
（Instructional Clarity Checklist）

1. 簡潔に説明する
2. 分かりやすく説明する
3. 適切な速度で教える
4. 項目が理解できるまで教える
5. 学習者が理解できないときにはそれに気がつくように努め、繰り返す
6. 段階を追って教える
7. 課題の内容とやり方を説明する
8. 学習者が課題の内容とやり方を理解しているかどうか尋ねる
9. 学習者が理解できないときには繰り返す
10. 説明した後に、その説明を例証するために例を使う
11. 説明の後に学習者に質問の時間を与える
12. 次にやることに学習者がうまく取り組めるように準備させる
13. 教えたり訓練するときに具体的に詳細な情報を与える
14. 理解が困難なことは繰り返し説明する
15. 例を用いて学習者が理解できるまで説明する
16. 説明の後に学習者に考える時間を与える
17. 学習方法を教える
18. 宿題の内容と、それをするのに必要な教材を説明する
19. 難解な箇所は強調する
20. 学習活動や宿題のやり方を説明するために例を示す
21. 十分な準備時間を与える
22. 学習者の質問にしっかり答える
23. 理解を確認するための質問をする
24. 難しい課題については、学習者がやり方を理解するまで繰り返し説明する

利益である。」

> 【参考文献】
> 　本書の執筆準備の過程で，多くの出典を利用した。Jere　Brophy（1998）の ***Motivating Students to Learn*** と，Raymond Wlodkowski（1986）の ***Enhancing Adult Motivation to Learn*** には非常に有益で包括的な総覧が含まれている。以下の文献も読む価値がある：**Brophy（1987），Burden（1995），Canfield and Wells（1994），Covington（1998），Galloway, Rogers, Armstrong and Leo（1998），Good and Brophy（1994），Jones and Jones（1995），Keller（1983），McCombs and Pope（1994），Pintrich and Schunk（1996），Raffini（1993, 1996），Scheidecker and Freeman（1999）**
> 　また，L2の分野では，以下の文献が動機づけの実践的アイディアを提示し，提言をしている：**Alison（1993），Brown（1994），Chambers（1999），Cranmer（1996），Dörnyei（1994），Dörnyei and Csizér（1998），Oxford and Shearin（1994），Williams and Burden（1997）**

1.3　動機づけストラテジー

　動機づけストラテジーは，個人の目標関連行動を促進する手法である。人間の行動はかなり複雑なので，それを促進する手法は多種多様である。実際，人が直面するほとんどすべての事態がその人の行動を左右する可能性を秘めている。動機づけストラテジーとは，「体系的で長続きするプラスの効果を実現するために，意識的に与えられる動機づけの影響」を指す。教室内でのL2学習を促進する多様なストラテジーに関しては，次の例が示すように，テーマごとに体系化する方法がいくつかある。
・典型的な言語授業の「内部構造」に焦点をあて，様々な構造単位（新教材の提示やフィードバックのストラテジー，コミュニケーション活動の設定や宿題の課し方のストラテジーなど）に従って，ストラテジ

ーを分類する。
- 主な「問題解決ガイド」を作成して，教室での動機づけ活動で特に問題となりやすい，いくつかの項目を列挙し，これらにうまく対処する方法についての提案を行う（例えば，生徒の無気力状態や学習参加への自発性の欠如，逸脱した学習者の反学習的影響への対処法）。
- 内在的な興味，自信，自律性のような，「動機づけの主要な概念」に焦点を当てる。そしてそれらの概念を主な構成単位として用いる。
- 動機づけに効果のある「教師の主な行動様式」に議論を集中する（よい例を示し，生徒の行動の手本となる。生徒とのコミュニケーションやラポール（rapport），自己管理ストラテジーについての意識昂揚，教室内での活動の巧みな演出など）。

これらすべてのアプローチに利点があると信じているが，ここでは前述した過程志向モデル（23 ページの図 2）における各段階に焦点を当てたもう 1 つのアプローチに基づいて考えることとしたい。過程志向モデルは，特に教育的活用のために構築されたものであり，その他のアプローチと比較して重要な優位点がある。それは「包括性」である。この本の構成を考えた際，初期段階での動機づけの喚起から，動機づけられた行動の完了と評価に至る動機づけの過程を徹底的に追求した方が，何を中心テーマにして教材を作成するかについてのいささか恣意的な決定をするよりも多くの面でより論理的であると考えた。

この目標志向の組織には以下の主要な単位が含まれる。
- 動機づけのための基礎的な環境を作り出す
- 学習開始時に動機づけを喚起する
- 動機づけを維持し保護する
- 肯定的な追観自己評価を促進する

これら 4 つの動機づけの各局面は，この後，各章で説明する。図 3（次ページ）はこのシステムの略図であり，今後取り上げるシステムの下位領域が詳細に記されている。

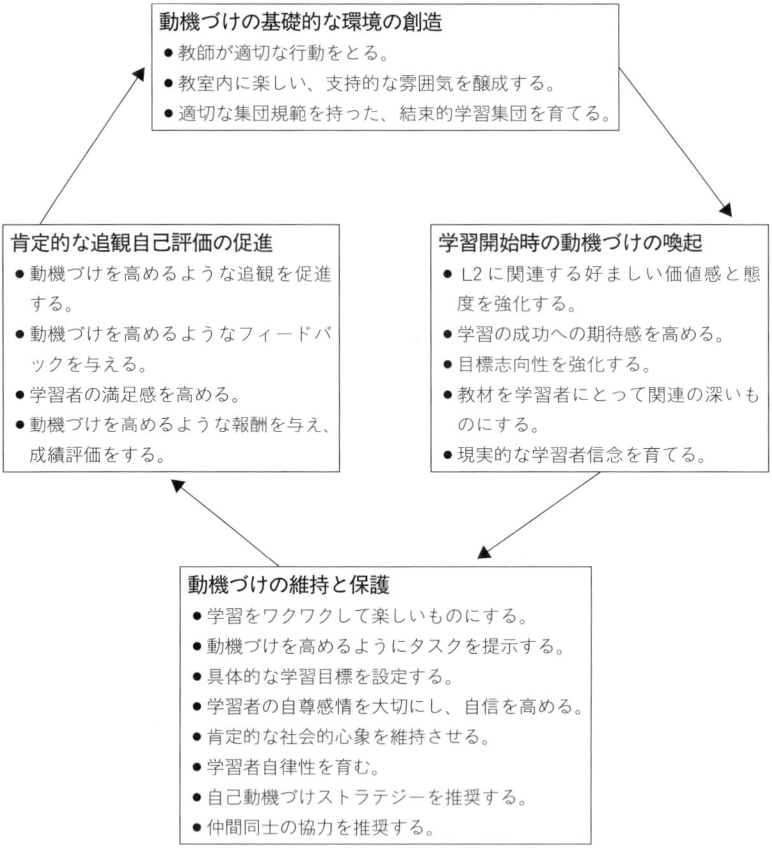

動機づけの基礎的な環境の創造
- 教師が適切な行動をとる。
- 教室内に楽しい、支持的な雰囲気を醸成する。
- 適切な集団規範を持った、結束的学習集団を育てる。

肯定的な追観自己評価の促進
- 動機づけを高めるような追観を促進する。
- 動機づけを高めるようなフィードバックを与える。
- 学習者の満足感を高める。
- 動機づけを高めるような報酬を与え、成績評価をする。

学習開始時の動機づけの喚起
- L2に関連する好ましい価値感と態度を強化する。
- 学習の成功への期待感を高める。
- 目標志向性を強化する。
- 教材を学習者にとって関連の深いものにする。
- 現実的な学習者信念を育てる。

動機づけの維持と保護
- 学習をワクワクして楽しいものにする。
- 動機づけを高めるようにタスクを提示する。
- 具体的な学習目標を設定する。
- 学習者の自尊感情を大切にし、自信を高める。
- 肯定的な社会的心象を維持させる。
- 学習者自律性を育む。
- 自己動機づけストラテジーを推奨する。
- 仲間同士の協力を推奨する。

図3　動機づけを高める指導実践

すべてのストラテジーがいつもうまく作用するわけではない！

　最後に，強調しておきたいことがある。つまり動機づけストラテジーは，たとえそれが最も信頼できるものであったとしても，磐石の指導原理ではなく，むしろある教師や集団には他よりもうまく作用し，明日よりも今日うまく作用するかもしれないような提案にすぎないということである。世界中の言語学習環境の多様性を考慮に入れれば，このことはさらに真実味を増す。例えば，カナダでフランス語を学んでいる移住民の母親の集団が，香港の小学校の英語学習者やスウェーデンの大学でラテン語を学ぶ学生と全く同一のストラテジーを使用しても，すぐれた効果は期待できない。文化や年齢，習熟度や目標言語との関係に関わる学習者間の相違が，いくつかのストラテジーを完全に役に立たない，意味のないものにし，逆に他のストラテジーを特に卓越したものとして際立たせるかもしれない。本書を読み進めていく中で，文化的に偏りがあると考えたり，うなずけない箇所に出会ったときには，このことを思い出してほしい。ここで言えるのは，以下に説明するストラテジーや手法がこれまでに多くの教師や学習者集団でうまく作用することがわかったものであり，それゆえ検討に値するということだけである。マコームズ／ポープ（Barbara L. McCombs and James E. Pope 1994）から再び引用する。「我々はこのアプローチがうまく作用することをこれまで見てきた。そして我々はさらなる可能性に胸を躍らせている。さあ，我々と一緒にこの可能性を追求しよう。」(p. vii)

第2章　動機づけのための基礎的な環境を作り出す

　動機づけストラテジーをうまく実行するためには，いきなり始めるのではなく，まず条件を整える必要がある。何らかの先行条件が整ってから，ようやく動機づけを生み出すさらなる努力が効果を発する。私の経験では，動機づけの条件整備として，とりわけ次の3点はなくてはならないものである。

- 適切な教師の行動と学習者との良好な関係
- 楽しい，支持的な教室の雰囲気
- 適切な集団規範を持った，結束的学習集団

　もちろん，この3つの条件は相互に関連し合っている。なぜならば，例えば，教師と学習者が対立していれば楽しい教室の雰囲気を期待することはできない。しかし，便宜上，ここでは1つずつ検討していくことにする。

2.1　適切な教師の行動

　1998年にハンガリーで英語教師に対しての調査を実施し，様々な動機づけの手法をどう思うか，また実際の授業の中でどの程度頻繁に使っているかを調べた（Dörnyei and Csizer 1998）。様々な個人的見解のばらつきをなくすために，（小学校の初級英語の教師から英語専攻の学生に教える大学講師に至る）多様な状況の，比較的多数の教師（N＝200）を対象にして，彼らの回答を要約した。回答者は教師自身の行動が最も

重要な動機づけの道具であると見なしていた。さらに，この「道具」が授業実践の中で十分に活用されていない最たるものであることも明らかになった。翌年，私は異なった状況で行われた他の研究を読み興味を持った。ゲイリー・チェインバーズ（Gary Chambers 1999）によるこの研究は英国の中等学校のドイツ語学習者を対象にしたものであるが，私の調査と同様の結論に至った。すなわち，生徒のL2学習に対する肯定的あるいは否定的態度を助長すると想定されるすべての因子のなかで，調査対象のすべての年齢層でトップに来たのは教師の行動であったのだ。

> **英語教育実習生との面談から…**
> 「事態が変わり始めたのはいつ頃からだと思いますか。」
> 「私が将来の職業にこれを選びたいといつ決めたかということですか。そうですね，私が英語を好きになり始めたのは高校生の頃でした。私がさらにもっと好きになったのは私の担任の先生の影響でした。この先生は私にとって，本当にお手本でした。教え方は実に見事でした。このことで私は英語が大好きになり，また将来自分は英語の教師になりたいと心に決めたと思っています。」
> （Silva 2001 から引用）

　もちろん，このような調査結果は経験を積んだ教師なら大抵がすでに知っていること，すなわち，教室で教師が行うことのほとんどすべてが動機づけの観点から学習者に影響を及ぼしているということを追認しているにすぎない。本書は，主として教師としての読者が自分の学習者を動機づけるために何ができるかを扱っているがゆえに，適切な教師の行動について本書の全体にわたってずっと触れていくことにする。ここでは，一般的な事項を4点考察したい。それは，教師の，

- 熱意
- 学習者の学習への熱心な取り組みと期待
- 学習者との関係
- 学習者の親との関係

である。

熱意

　これまでに，あなたが最も影響を受けた先生はだれでしたか。これまでにあなたの人生に影響を与えた人物としてだれを今でも記憶していますか。──これは，アメリカの心理学者のミハイ・チクセントミハイ（Mihaly Csikszentmihalyi 1997）が示唆に富む論文の中で発した問いかけであり，この問いに対する彼自身の回答は「熱意のある教師」であった。担当する教科を愛し，この世でやりたいことはこれ以外にはないということを献身的に，また情熱を傾けて示す人である。彼らは専門分野に夢中になるあまり，常軌を逸したと思われることさえあるような「変人」である。学習者はこのような傾注ぶりを揶揄することもあるが，心の奥深くではその情熱を称賛するのだ，とチクセントミハイは主張する。担当科目に対するこのような熱の入れようは，次第に「伝染」して，学習者の中に知識を追求する類似した意欲を醸成する。

　自分の専門領域に対する熱意と，この熱意を隠すのではなくむしろ公にする能力が，動機づけをうまく高める指導の最も大切な成分の1つであるとするチクセントミハイの信念に，共鳴する学者は多くいる。「モデリング」（modeling）とは，模範を示すことで様々なことを教える大変効果的な方法であるが，熱意を伝えることはこのモデリングではかなり一般的な過程である。そして，この模範には担当教科に対する努力，積極性，関心といった動機づけの因子が含まれていないはずはない（Brophy and Kher 1986）。しかし，

> **なるほど…**
> 　若者は大人が普通認めるよりもずっと利口である。例えば，彼らの知っている大人が自分のやっていることを好きなのか嫌いなのか，彼らはたいてい察知できる。もしも教師が自分の職業に価値を認めないで，自分が伝えようとしている学問を好んでいないならば，生徒たちはこのことを感じ取り，この科目はそれ自体習得するだけの価値がないと結論づけることになるが，この論理は完全に理にかなっている。
> 　　　　（Mihaly Csikszentmihalyi 1997:77）

文化が異なれば熱意のような個人的な感情の表出方法も異なってくること，また，ある国で動機づけを大いに高める個人的な例と考えられることが，別の国では「粗野な」例と見なされかねない場合があることも十分心得ておく必要がある。

熱意を伝えるために，「シェークスピア」や「条件法過去」のようなことばを口にする時にまで，何も熱弁をふるったり，大げさな身振りをしたり，また目に涙を浮かべるなどの演技を伴う必要のないことも強調しておかねばならない。むしろ，グッド／ブロフィ（Thomas L. Good and Jere E. Brophy 1994）が主張するように，教師は自分がそのことに興味を持つ理由を明確に伝え，この理由を学習者と共有することこそ大切なのである。芝居がかった営業手腕がうまくいくのは，本人がそのタイプの人間であった場合のことである。控えめで誠実な話し方が十分同じような効果を挙げることもある。

ストラテジー・1

扱う教材に対する自分の熱意と，それが自分に個人的にどんな影響を及ぼしているかについて，実例を挙げて説明し，解説する。
〈具体的には〉
1-1. L2に対する自分の個人的な興味を生徒と共有する。
1-2. 満足感を生み出し，生活を充実させる意味のある経験として，自分がL2学習を大切にしていることを生徒に示す。

● 学習者の学習上の進歩に熱心に取り組み，期待する姿勢

集団のリーダーとして，教師はクラスの士気を体現している。概して，教師が生徒の学習と進歩に対してひたむきな姿勢を示せば，生徒たちも同じことを行う見込みは十分に出てくる。教師がクラス内のすべての生徒を気にかけていること，教師が教室にいるのは給料のためだけではな

いこと，自分の担当する生徒の学習がうまくいくことが教師にとって重要であること，生徒が目標に向かって懸命に努力するのと同じほど負けずに教師が努力する気持ちでいることを，全員の生徒が気づいていることが重要である。もちろん，このような言い回しはデュマの『三銃士』の合い言葉，「一人はみんなのために，みんなは一人のために」と同様に陳腐に響くことは事実である。しかし私の経験からすれば，生徒は教師から発せられる合図にきわめて敏感であるが故に，教師の行動のこの側面はいくら強調してもしすぎることはない。

> **教師が自分を気にかけていないことに感づくと生徒は…**
> …この認識は彼らの動機づけを打ち砕く最も早い方法になる。教師が精神的に（また物理的に）離れていることが生徒に「どうでもいいんだ！」というきわめて強力なメッセージを伝えることになり，そのために熱心に取り組んでいる生徒たちすら影響を受けて，やる気をなくしてしまう。

　生徒の学習の進歩が教師にとって重要であることを彼らに見せる方法はいくつもある。例を示そう。
- 具体的な手助けを提供する。
- 個々の生徒に接して個別に内容を説明するようにする。
- 助けを求められたらすぐに応じる。
- テストや提出物は素早く点検する。
- 授業に関連のある，特に興味深い記事はコピーして生徒に配布する。
- 課外学習活動やその機会の段取りをつける。
- 追加課題に取り組むように勧め，また求めに応じて手伝う。
- 学習が思うように進んでいないときには心配していることを伝える。
- 問題があったら教師の自宅へ電話してもよいことにする（ウ──ン）。
- 勤務時間外でも相談に乗る（ウ────ン）。

　熱心な取り組みとして，ブロフィはさらに次の要素をつけ加えている（Brophy 1998）。生徒と話し合う際に，学習に対する教師の熱意を，生

徒も当然同様に持っていると教師が考えていることの大切さを，彼は強調している。教師はこのことをはっきりと伝えるべきである。ブロフィは次のように主張している：あなたが生徒を熱心な学習者として扱う程度に呼応して，生徒たちは熱心な学習者になる可能性が高まるのです。生徒たちに，彼らが知的好奇心に溢れていると思われていることを知らせよう。

教師期待

　学習者が興味を示すことを教師が期待しなければ，彼らに興味を持たせることはできない。これは「教師期待」（teacher expectation）という大きな論点の1例である。これまでの膨大な研究成果で明らかになったことは，生徒の学習の進歩のために熱心に取り組むだけでは十分ではないという点である。これに加えて，教師は生徒が達成できることに対して期待値を十分高く保つことが必要になる。例えば，教育心理学の最も有名な実験の1つであるが，ローゼンタル／ヤコブソン（Robert Rosenthal and Lenore Jacobson 1968）は学年始めに小学校の児童に知能テストを実施した。このテストの目的は1学年の間にどの子どもが知的に「開花する」かを予測することであると，教師たちは聞かされていた。しかし，研究者たちは教師たちに誤った情報を流し，テストの本当の得点を伝える代わりに，知的に開花する潜在能力を持っている「潜在的知的開花者」の子どもとして，20％を無作為に，すなわち彼らの実際の知的潜在能力とは関係なく，認定した。実験は目を見張らせる結果を呈した。学年の始めにはこの「開花者」は，研究者たちが異なった標識をつけた点を除けばすべての点で統制群と類似していたのに，学年の終わりには両者の間に有意差が認められたのである。

　ローゼンタル／ヤコブソンは発生したこの相違を次のように説明している。子どもたちに関する（誤った）情報が彼らに関する判別的な教師期待を生み出し，この期待が「自己達成的予言」として作用して，子ど

もたちが期待に沿うように行動したのだ（この効果はバーナード・ショーの戯曲にちなんで，「ピグマリオン効果」（Pygmalion effect）と呼ばれることもある）。言い換えれば，自分の担当する生徒が高い学力水準に到達できると教師自身が確信すれば，生徒もそうなる可能性は十分ある。しかし，自分の生徒がどの程度学習についていけるかに関して低い期待値を持っている場合には，生徒たちもこの「低い期待に沿う程度の」学習成果を挙げる。このことから，例えば，能力別学級編成は危険な措置ということになる。低位集団の担当教師はこの集団に関する情報に必ず影響を受け，生徒たちを低学力と低期待値の下方螺旋に追いやってしまうことにもなりかねないからである。

> **ストラテジー・2**
> 生徒の学習を真剣に受けとめる。
> 〈具体的には〉
> 2-1．生徒に教師が彼らの進歩を気にかけていることを示す。
> 2-2．学習のどんなことについても，いつでも快く相談に乗ることを伝える。
> 2-3．生徒が達成できることに関し，十分高い期待値を持つ。

● 生徒との良好な関係

　動機づけを重視する教師にとって，学業に限らず個人的な面でも，生徒たちと積極的な関係を維持することが重要である。このことは改めて理由づけをする必要もないであろう。実際，前節の内容は「生徒の学習を気にかけている」という表現を「人間としての生徒を気にかけている」と言い換えれば，ここでもあてはまる部分が多くある。生徒と暖かい，個人的な交流を深め，彼らの心配事に親身になって対応して，生徒との相互の信頼と尊敬の関係をうまく築いた教師は，生徒との個人的な

つながりを持たない教師よりも，勉強で生徒を元気づけることが容易になる。もちろん，これも文化的な差異に十分注意を払うことが要求される問題である。

生徒と個人的な関係を築き，尊敬を得ることは口で言うほど容易なことではない。それは，次のような教師の行動を含む構成要素を基盤とした，ゆるやかな過程である。

- 生徒を全面的に受け入れる受容性
- 生徒の話に耳を傾け，言動に注意を払えること
- 個別にいつでも接触できること

> なるほど…
>
> 教室内の信頼関係は，ゆるやかな速度で，教師が誠実に，また信頼を受けるように対応する小さなでき事の積み重ねで形成される。「信頼できる」生徒を信頼することは簡単であるが，信頼関係を築く体系的な体験を数多く必要とするのは，「信頼できない」生徒なのである。往々にして生徒の中には信頼を悪用するような者もいるが，彼らはこの特性を身につけて実践する機会を繰り返し必要としている。
>
> （James Raffini 1993:145-6）

● 受容（acceptance）

「受容」とはカール・ロジャーズによって提唱され，学習者中心の教授法全般の発展に強い影響力を持ってきた「人間学的心理学」の3つの構成要素の1つである（他の2つは「共感」と「自己一致性」）（Rogers & Freiberg 1994）。「受容」は，偏りのない，肯定的な態度と関連し，例えば，欠点はあるもののよく知っている身内の一人である叔父や叔母のような親戚に対して抱く感情のようなものである。それは，「是認」と混同してはならない。ある人を受け入れることが，即，その人の行うすべてを是認することには必ずしもならない。それは，「罪を憎んで，人を憎まず」の諺に喩えることもできる。受容に関して最近知った図を示してみたい（すでにご存じの方はご容赦いただきたい）。それは下のような略図に近い絵である。「何が見えますか」と問いかけられた。この

絵を最初に見たとき，白い長方形を黒い対角線が分断している，と見えた。しかし，この絵を示した人物は，実は白い三角形が2つ隣り合っているのだ，と言った。人を受け入れるとしたら，黒い対角線よりも白い三角形に焦点を当てるよう努めることである。

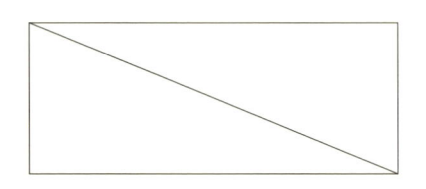

● 生徒の話に耳を傾け，言動に注意を払えること

ウラッドコースキー（Wlodkowski 1986: 28）によれば，人の話に耳を傾けることは，「その人を人間として認めることを伝える，両者の間に生じる唯一の，そして最も強力な交流である。…我々が話を聞く際に取る態度は，他の何にもまして学習者に対して我々が実際に彼らにどれだけ思いやりを持っているかを伝えている」。すなわち，生徒は教師が自分に個人的な注意を払っていることを感じ取る必要がある。もちろん，クラス全体に注意を払う教師が個々の生徒に時間を多く割くことができないことは，誰にでも理解できることであるが，時間をあまりかけずに個人に気配りをし，どの生徒の琴線にも何らかの方法で触れることができる，さまざまな目立たないしぐさがある（Burden 1995: 224, Raffini 1996: 182を参照）。例えば，次のような事項を挙げることができる。

・生徒と挨拶を交わし，名前を憶える。
・生徒に微笑みかける。
・生徒の興味を引く外観特徴（例えば，新しい髪型）に気がつく。
・それぞれの生徒の特徴を知って，時々そのことをその生徒に伝える。
・生徒の学校外の生活について尋ねる。

- 生徒の趣味について関心を示す。
- 話の中で，生徒のことをいつも考えていることや，どの生徒の努力も認めていることを表明する。
- 前に話したことに再度触れる。
- 誕生日を思い出す。
- 教室内をあちこち移動する。
- 教科内容を説明する際に，生徒の個人的な話題や例を組み入れる。
- 欠席した生徒にメモや課題を与える。

接触できること（availability）

　どこでも教師はたいてい仕事に追われ，多忙な状況のなかで生徒と接触できるようにすることは彼らにとって困難な課題である。どの生徒にも個人的に接触を持つことが，彼らとの関係に驚くべき成果をもたらすことがあることは明らかである。しかし，このために必要な時間をどのようにしたら見い出すことができるだろうか。まず，空き時間が多くとれない時でも，次のようなことはいくつかやれる場合もあるだろう。

- 学校の給食室（があれば）で生徒と一緒に昼食を取る。
- 校庭で生徒の仲間に入る。
- 学校の諸行事で付き添い引率を行う。
- 生徒が必要とするときに自宅の電話番号を教える。
- eメールのアドレスを教え，教師宛てにメールを送るように勧める。
- 教師と話をしたい，あるいはする必要がある生徒がいたら，応対できる空き時間を週単位で設定する。

> **ストラテジー・3**
>
> 生徒と個人的な関係を築く。
> 〈具体的には〉
> 3-1．教師が生徒たちを受容し，また気にかけていることをはっきり示す。
> 3-2．生徒の一人一人を気にかけ，また彼らの話に耳を傾ける。
> 3-3．気軽に，どこでも教師と常に接触できることを伝える。

● 親との良好な関係

　忘れがちになることであるが，生徒と教師の良好な関係を築くには，彼らの親を味方につけなければならない（成人教育の場合にはこのことは当てはまらないが…）。ほとんどの子どもたちにとって，親の意見は重要な意味を持っており，したがって動機づけの努力をする際に，親は強力な味方になることがある。ブロフィ（Brophy 1998）が指摘するように，話の通じにくい，落ちこぼれる恐れのある生徒をうまく立ち直らせたことのある教師たちの，もっとも際立った特徴の1つに，彼らがこうした生徒たちの家庭と連絡を取り合って，家庭の様子をよく知り，学校で行われていることを伝えて，教師と一緒になって意志決定に加わってもらっていることが挙げられる。言い換えれば，この教師たちは子どもたちの生活に変化をもたらそうとさまざまな試みをする場合に，親を味方につけるのである。このような協力的な関係を最初から築くことは困難なこともあるだろうが，ブロフィの経験では，どの親もたいてい，子どもたちの学校生活が順調に推移することに強い関心を持っていて，教師が子どもたちのことを思って行動していると感じ取れば，積極的に応えてくれるものである。実は，多くの親たちが支持的な役割を果たさないのは，彼ら自身の子どもの頃にお手本にできる実例に出会わなかったこともあって，こうした支持の重要性を理解せず，またどうしたら支

援できるかわからないでいるだけなのである。

　ガードナー（Gardner 1985）はさらに次のように論じている。L2学習に関して，親は「受動的役割」も演じ，子どもたちに間接的なモデリング（36ページ参照）として，L2学習とL2社会に対する彼らの姿勢を伝えることになる。通常，子どもは自分の親がL2とその言語使用者について本当はどう思っているか，よく気づいている。ガードナーは，この受動的な役割が，親がうわべは子どもの学業の進歩を支援している（たとえば，宿題を見てやったりして）時でさえも，きわめて強力なことがあることを証拠を挙げて示している。もしも親がL2社会に対して否定的・批判的な態度を潜在的に抱いていれば，その子どもは多分にこの否定的な意向を感じ取り，そのことで動機づけが損なわれることになる。こうしたことは，親が国外居住者で，一時滞在地を祖国と比較して劣っていると見なし，滞在国のL2を習おうとしない時，その子どもたちによく見られることである。親が子どもたちに現地語をマスターしてほしいと思ったとしても，子どもが親から受け取る雰囲気はこの願いと矛盾するため，実際は，習得は実現しないことがある。

> **ストラテジー・4**
> 生徒の親たちと協力関係を築く。
> 〈具体的には〉
> 4-1．親に子どもの進歩について定期的に知らせる。
> 4-2．家庭での一定の支援的な作業を行うことに親の助けを求める。

2.2　教室内の楽しい，支持的な雰囲気

　外国語学習は限られた言語体系を使って行わなければならないために，面目を失墜させる危険が最も高い教科である。生徒は「赤ちゃんのようなおしゃべりをする」ことを強いられるが，個人としての主体性がすで

に不安定な，あるいは損なわれている者にとって，これは耐えがたい苦行となることもある。外国語の授業では，学習者は発音，抑揚，文法，そして内容に同時に注意を払わねばならないので，きわめて容易に間違いを犯すことになる。このため，比較的単純な問題に答えたり，発言をする場合でも，かなり危険を覚悟して臨まねばならない。これまでの研究で言語不安（language anxiety）がL2学習の進歩を阻害する強力な因子となっていることが判明しているが，これは当然なことである（MacIntyre 1999, Young 1999）。動機づけの研究者の一致した意見では，この解決策ははっきりしている。すなわち，我々は楽しい，支持的な教室の雰囲気を作り出す必要がある。前述したハンガリーの教師の調査では，動機づけの手だてとして教室の雰囲気は，すべての動機づけの構成要素の中で教師自身の行動に続いて2番目に重視された。したがって，問題はどのようにしたら楽しく，支持的な教室の雰囲気を醸成することができるか，である。

> 理想的な教室の雰囲気とは…
> 　教室に楽しく，支持的な雰囲気がある時は，すぐにわかる。そのクラスに数分間もいるだけで感じ取ることができる。あたりに緊張感がなく，生徒はゆったりしている，お互いを冷やかすような敵意に満ちた辛辣な言い合いがない。けなすことも皮肉もない。代わりに，相互的な信頼と尊敬が支配的である。誰も心配したり，不安になる必要はない。シャイデッカー／フリーマン（Scheidecker and Freeman 1999: 138）は，学習の動機づけの気風に溢れた教室の本質を次のように見事に要約している：生徒がそのような教室に入ってくるのを観察すれば，「生徒たちが戸口で心の重荷を捨ててしまうという非常に強い思いを抱く」。ここは「感情の安全地帯である」。

　教室の心理的環境は，いくつもの異なった要素から構成されている。その1つである教師と生徒とのラポールについては，すでに検討した。第2の要素，生徒同士の関係については，教室の規則と規範とともに次節で取り上げることにする。ここで言及すべき重要な点は，安全で支持的な教室では，許容規範が支配的であり，生徒たちは平気で一か八かや

ってみる。それは，生徒たちがたとえ間違っても，恥ずかしい思いをしたり，批判されたりしないことを知っているからである。間違いが学習の自然な一部であることが，彼らにすでに明確になっているのである。
（教室の雰囲気のこの部分について，詳細は第4章4.4「学習者の自尊感情を守り自信を強める」を参照。）

　教室の雰囲気を改善するもう1つの手だては，ユーモアの使用である。これは強力な動機づけの因子であるが，理論書ではしばしば無視されている。この状況は，多くの研究者が，厳格で学問的な真実追求のなかで，ユーモアが何であるかを忘れてしまったことが理由なのか，あるいはすべての人が持っている，あるいは獲得できるとは彼らが考えていないユーモア感覚という特徴を推し進めることに乗り気でないことによるのか，私にはわからない。教室でユーモアを保つことの重要な点は，絶えず冗談を連発することではなく，むしろ真剣にとりくむべきことにゆとりを持って臨んでいることにある。教師が健全な範囲での自己嘲笑的な姿勢を許容し，学校を何にもまして神聖な場所だとは見なしていないことを，生徒がもし感じとれるとしたら，そこに冗談が生まれてくる。

　最後に，教室が心理的な環境だけでなく，物理的な環境でもあることを忘れてはいけない。教室の雰囲気は教室の装飾の影響を強く受けるので，ポスター，掲示板の掲示物，花，滑稽な品物（例えば，「我がクラスのマスコット人形」）などはすべて大歓迎である。もっとも，私の考えに賛成しない教師もいるだろう。また学校管理者の多くも同調しないかもしれない。しかし，私自身は，これまでに授業の始めと終わりに（そして，時にはL2学習の最中に）清涼飲料水やおやつ，そして音楽を用意することで，よりくつろいだ雰囲気を醸成することができた。しかし，最も大切なことは，環境の美的特質ではなく，むしろ生徒が教室を生徒自身のものにすることにどの程度関わっているかである。これは，教室の所有権という抽象的な概念と関係していることである。教室を生徒自身のものにすることは，生徒が自分たちの環境を自分たちの手でより一層管理すること，とみなすことができる。したがって，教師は生徒

に教室の壁面の使用方法，教室の備品の配置，バックグラウンド・ミュージックなどの管理をある程度委ねてもよいだろう。

> **ストラテジー・5**
>
> 教室に楽しく，支持的な雰囲気を作る。
> 〈具体的には〉（本章の他の節で指摘された提案に加えて）
> 5-1．許容基準をしっかり決める。
> 5-2．間違いを恐れずにやることを勧め，間違いは学習の自然な一部であると思わせる。
> 5-3．ユーモアを取り入れ，また勧める。
> 5-4．生徒の好みに応じて，教室環境を生徒の考えるように整備することを勧める。

2.3　適切な集団規範を持った結束的学習集団

　対立する小集団と学習者間の敵対的な感情のために，生徒が学習課題に専念できなくなったクラスを教えたことがある。熱心に取り組んでいると見られることが，集団内の行動規範に反すると見なされるようなクラス，また教科に対して少しでも熱意を示す者は残らず，ただちに「頭でっかち」，「ガリ勉野郎」，「変わり者」，あるいは「点取り虫」などのレッテルを貼られるような学習者集団を扱ったことがある。読者はどうであろうか。このような経験を持ったことのある教師は，生徒の学習に対する態度に関して言えば，クラスの特性で成り行きが大いに変わることを十分知っているであろう。実際，「集団」が社会的単位としてその成員に強力な影響を及ぼすことは，社会心理学では定説となっている。集団の行動と発達を研究領域とする学問領域があり，「集団力学」（group dynamics）と呼ばれている。

　集団力学が提供する集団行動に関する知見は，言語教師にとってきわ

めて適切なものであると確かに考えるが（詳細は Dörnyei and Malderez 1997, 1999 および Ehrman and Dörnyei 1998 を参照），ここでは動機に直接関連する集団力学の2つの側面を強調するに留める。それは，「集団結束性」(group cohesiveness) と「集団規範」(group norm) である。この点に触れた後で，動機づけの目的を失うことなしに生徒たちをどのようにしつけるかという，やっかいな問題を扱うことにしたい。

結束的な学習集団を作り出す

　結束的な学習集団とは「まとまりのある」集団である。そこでは強力な「我々」(we) 意識が存在し，生徒はその集団に所属することを幸せに感じている。すなわち，結束性は成員が集団全体と仲間の各成員に対して抱く強い関わり合いを指す概念である。それは，集団をまとめる「磁石」あるいは「糊」である。結束性はしばしば，集団の成員が互いを探し求め，相互支持を提供し，互いに集団内に迎え入れられるようにする過程の中に示される（Ehrman and Dörnyei 1998）。我々の観点からさらに重要なことは，生徒の動機づけは結束的なクラス集団の中で高まるという点である。これは，そのような集団の中で，生徒は集団の目標を達成するための責任感を互いにより強く持ち，お互いに手を携え，そして生徒間の肯定的な関係が一般に学習過程をより楽しいものにすることによるのである。

　教室が結束的なコミュニティになるか否かは，単に運の善し悪しで決まるのではない。結束性を高めることに貢献する具体的な要因がいくつもあるのである。そして，その多くは教師が思うように操作できる。次に重要な要因10項目を，実践的な例と提案を添えて列挙することとす

> なるほど…
> 　学校教育で報われることはあまりにも少なすぎるが，もっとも嬉しいことは，高い結束性を実現したクラスで教えることから来る，やり遂げたという誇りである。
> (James Raffini 1993 : 95)

る。(詳細は，Ehrman and Dörnyei 1998 参照。)

1．**一緒に過ごした時間の長さと集団が共有する過去の出来事の量**：この点で教師が立ち入る部分は少ない。
2．**グループの成員がお互いのことを知る程度**：学習者の相互理解を深めるために，教師は授業の最初の時間に緊張をほぐすための特別な活動を組み入れることができる。この活動の狙いは，成員に安心感を与え，お互いの名前を覚えたり，個人的な情報を伝え合うことにある。授業が進んだ段階で，個人的な情報を扱うある種の言語活動を組み入れたり，好みにもよるが，本当の個人情報を尋ねる可能性のある活動を選ぶことで，生徒が互いのことをより深く知る機会をさらに多く設定することができる。
3．**近接**（たとえば座っている時などのお互いの物理的な距離），**接触，相互交流**：固定した席順に縛られないように，時々生徒を移動させることを考えてもよいだろう。また，ペア・ワーク，小集団活動，ロールプレイ，プロジェクト活動などの活動は，生徒が互いに接触し，交流を持つことを可能にするのに大変効果的である。課外活動や遠足なども接触と相互交流のよい機会になる。
4．**共通の目標に向けた成員間の協力**：ロールプレイの発表，問題解決活動，プロジェクト作業，ワークシートの記入，グループ単位の報告書の準備などのように，「集団作品」を1つ仕上げなければならないようなタスクを取り入れることで，生徒の協同性をうまく高めることができる。(詳細は第4章4.6を参照。)
5．**やりがいのある集団体験**：授業中の学習過程に楽しみを見い出すことが多くなれば，そのクラスへの所属感が一層強くなる。これは当たり前であるが大切なことである。
6．**集団全体を対象としたタスクの解決と集団で味わう成就感**：目に見える満足すべき成果を産み出し，あるいは最終的に難問や問題を解決するような，集団全体で取り組み，その後でみんなでその成果を喜び

合うようなタスクを時々組み入れることもよい。
7．**集団対抗競技**：小集団の「楽しみの」競争（すなわち，小集団同士で競い合うゲーム）は成員内の結びつきを強める。普段，容易に友達にならないような生徒を一緒にするのもよい。
8．**共通の脅威**（目前に難しい試験を控えた仲間意識など）**や集団の成員がみんな体験した苦難**（難しい課題をみんなでやり遂げたなど）：このような出来事は受難者同士の間に連帯感を産み出すが，この意味を実際にどの程度まで押し進めることができるか自信はない。
9．**集団のロゴマーク**：生徒たちに自分の集団に名前を付けてその特徴を考え出すように勧めることで，一種の「集団神話」を作り上げていくこともできる。生徒たちは集団儀式を設定したり，半公式的な集団の歩みをまとめたり，（旗や紋章などの）「集団グッズ」やシンボルマークを準備したり，また適切な集団の標語やロゴを見つけたり，作ったりすることもできる。
10．**集団に投資する**：成員たちが集団の目標の実現のために時間と努力をかなり費やす時，このことが目標実現に向けた彼らの思い入れをさらに強固なものにする。したがって，集団結成の初期段階で多くの投資を呼びかけることは，集団の結束性を高めるのに効果をあげるであろう。

ストラテジー・6

集団の結束強化を促進する。

〈具体的には〉

6-1．相互交流，協力，そして生徒間の本物の個人的情報の共有を促進する。

6-2．最初の授業に緊張を解きほぐす活動を用いる。

6-3．定期的に小集団活動を実施して，生徒たちがうまくとけ込めるようにする。

6-4. 課外活動や遠足を勧めたり，できれば計画する。
6-5. 決まった座席に固定しないようにする。
6-6. 全体で取り組む課題を成功させたり，小集団対抗の競技を伴う活動を組み入れる。
6-7. 集団ロゴの制定を勧める。

建設的な集団規範を作り上げる

　どの教室にも，生徒がやってよいこといけないことを決めている様々な規則がある。暗黙の了解の場合もあるし，明確な取り決めのこともある。この「集団規範」の興味深い点は，教師が設定した規範はわずかで（例えば，「教室で飲食禁止！」のような），他は集団が形成されていくうちに自然発生的に作り上げられてきたもので，はっきりと成文化されてもいないものである（どんな冗談が許されるか，どんな衣服の着用が認められるかなど）ということである。今日の多くの教室は，残念ながら暗黙の「人並み規範」（norm of mediocrity）に支配されることがあり，その結果，学校の成績で様々な社会的影響を被ることになる。こうした環境では，生徒の動機づけの欠如は，しばしば仲間から孤立したり排除されたりするという現実あるいは想像上の恐怖にその源を辿ることができる。逆に，集団が効果的な学習志向規範を採用すれば，それは集団の動機づけに大きく寄与することにもなる。

　建設的な集団規範をどのようにしたら設定できるのだろうか。どのみち，協同学習を可能にするためには教室内にある種の「行動規則」（rules of conduct）が必要だという点は，教師も生徒もみんなが認めることだろう。グループの成員がはっきりとした形で話し合い，自分たちの意志で採用した規範が最も効果的であると，様々な研究結果が述べている。私は自分の教員経験から現在ではこの立場に賛同する者である。私は，集団形成の早い時期に明確な規範設定過程をしばしば取り入れてきた。そのために次のような方法を用いた。

- 規範になるかもしれない候補をいくつも作ってみる。
- 規範に対する支持を得るために，その目的が真っ当であることを納得させようとする。
- 集団全体でその規範について話し合わせる。
- 学習者から規範の候補をさらに引き出し，それも話し合いの中に加える。
- 最終的に，互いに認め合う「教室の決まり」集を制定する。

このような手続きには，話し合いを伴う「ピラミッド型討議方式」を取ることもできる。例えば，特定の項目について生徒はペアになって話し合い，次に2組のペアが一緒になって，その項目に一致した意見をまとめ，さらに次の段階で8人の集団で考えをまとめるといった方法である。正式に取り決めた規範に違反した場合についても細かく決めるようにするとよいし，みんなで決めたクラスの決まり（と規則に違反した場合の罰則）を紙に書いて掲示するのもよい考えである。表5は教室の決まりの1例である。

教室の規範に関して強調しておきたいことが1つある。生徒はこの規範に対する教師の態度にきわめて敏感である。前にも触れたところであるが，教師は，指導者として任命されている立場から「集団的良心」を体現しており，教師がその行動で示す模範はクラスを形成するのに強力な役割を果たす。ここでは，「己の説くところを励行せよ」の言い回しがよくあてはまり，教師がうっかりして，みんなで決めた規範を励行しないようなことがあると，生徒たちはすぐにこの決まりは実は重要ではないという意味にとって，急速に無視したり逆らったりするようになる。たとえば，集団が最初に，宿題は常に忘れずにやってくることに同意しているのに，教師が点検を忘れたり，宿題未提出者が何の咎めも受けずに済まされるようなことが起きると，宿題は必ずやるというクラスの士気がすぐに低下するであろう。

表5 教室の決まりの見本

■**生徒の決まり**
・授業に遅れない。
・いつも宿題をやってくる。
・学期に1回「パス」できる，すなわち，予習してこなかったと言うことができる。
・小集団活動ではL2のみを使う。
・授業に欠席したら，遅れを取り戻し，宿題を出してくれるように願い出る。

■**教師の決まり**
・時間通りに授業を終える。
・宿題の点検とテストの採点は1週間以内に終了する。
・テストの実施は事前に予告する。

■**全員の決まり**
・お互いの話を熱心に聞くようにする。
・お互いに助け合う。
・お互いの考えや価値観を尊重する。
・間違っても大丈夫，間違いから学ぶのだ。
・お互いの短所をからかわない。
・言葉の上でも，身体的にも互いに傷つけ合うことは避けなければならない。

ストラテジー・7

はっきりとした形で集団規範を作成して，生徒たちと話し合い，彼らに認めてもらう。

〈具体的には〉

7-1．集団結成の始めに規範をはっきりと作るために，具体的な「集団の決まり」を考える活動を組み入れる。

7-2．教師が指定する規範の重要性と，その規範によって学習が向上することを説明し，生徒の同意を求める。

7-3．生徒たちからさらなる決まりを引き出し，教師が提案した決

まりと同様に話し合う。
7-4. 集団の決まり（および，それを破った場合の処置）を掲示する。

決まりを破った生徒に対する罰則

　厳密に言えば，罰は動機づけというよりも教室管理の問題である（したがって，それは本書の範囲外の事項である）。しかし，丁寧に組み立てた動機づけの実践が崩壊するのは，実はもめごとの最中である。したがって，動機づけを高める（あるいは少なくとも動機づけを損なわない）方法で生徒たちをしつけるにはどうしたらよいか，少し述べてみるのも悪くはないであろう。

　集団力学の観点からすれば，最善の訓練法は生徒自身の手に委ねることである。この方法は懸念されるほど非現実なことではない。適切で，全員に容認された規範（上に述べたところである）は，集団の成員が外部から大した圧力を加えられなくとも忠実に従う，という利点を持っている。また，そのクラスの規範を破る者があれば，多くの場合，集団がそうした逸脱行為に対処することができる。エリザベス・コーエン（Elizabeth Cohen 1994: 60）は，集団作業に関する影響力の大きい著書のなかで，教育の場でうまく設定された規範体系（norm system）が重要なことを，次のように手際よく要約している。

　　新しい規範が習得された時，それは実用面でかなり重要な意味を持つ。教師が普段行っている次のような仕事の多くが生徒自身の手にまかされる。すなわち，みんなが何をやるべきかを理解していることを集団で確認する，全員が学習に集中し続けるように集団が手助けする，集団の成員が互いに援助し合う。教師が全員の行動を統制しなければならない状況とは異なり，生徒が自分自身と仲間の行動に責任を持つ。

困ったことに，集団が教師にとって思い通りにいかず，教師が規則違反の行為に対し生徒と対決しなければならない時もある。このような事態に至ったら，教師は問題に真正面から取り組み，関係する生徒たちと，もっと建設的な行動に着手するには何をすることができるかについて話し合いを持つべきである。この点を行動指針として示している文献が多くある。教師は「私は君を受け入れることはできるが，君の行為は容認できない」という精神で，生徒たち自身と彼らの行動を区別することで対応がより取りやすくなることもある。マコームズとポープが述べていることであるが（McCombs and Pope 1994: 40），一般に信じられていることとは逆に，教室内のほとんどの非行は生徒の自尊感情（self-esteem）が低いことがその原因である。生徒が非行に走るのは，悪意や人の注意を引こうとする極端に自己中心的な性格によるよりも，彼らがおびえ，精神的に不安定な状態にあることによるほうが多い。いずれにせよ，罰することが必要であれば，それは公正で，「当事者」にも十分理解され，かつ一貫して行われる必要がある。これは口で言うほど容易なことではない。

> **集団の力…**
> 　決まりを破る生徒たちに対処する教室集団の力を過小評価してはならない。彼らは間違ったことをやった仲間に次のような行動をとることで，かなりの集団の圧力をかけることができる。
> ・教師に対する積極的な支持を鮮明にする。
> ・視線をそらし，交流を避けることで間接的に非難を表明する。
> ・違反者を公然とからかったり，批判したりする。
> ・違反者を「社会的隔離」状態におく。
> 　集団圧力は強力なことがあり，そのために生徒の中には落ち込んで，時には自殺を思い立つ者が出ることがある。また集団もその気になれば教師を錯乱状態に追いやることもある。こうした点を忘れてはならない。

ストラテジー・8

集団規範をしっかりと守らせるようにする。

〈具体的には〉

8-1．教師が必ず，決められた規範に自らしっかりと従うようにする。

8-2．どんな規範違反でもうやむやに済ますことはしない。

第3章 学習開始時に動機づけを喚起する

　幼児は周囲のあらゆることに生まれつき好奇心を持っていて，生得的な学習意欲を持っているように見えることから，心理学者はしばしば幼児を動機づけの観点で「純真無垢」で「堕落していない」とみなす。これは実際，学習の動機づけは言語獲得能力と同じようにヒトの生得的な特質であることの証明として，しばしば引き合いに出される。したがって，学習者の好奇心と生得的な動機づけが，学習者に不親切な学校制度によって抑制されたり損なわれたりしていない理想的な世界では，学習者はみな学習に熱意を示し，彼らにとって，学習経験は常に本質的に楽しいことである。

　しかし，小学校や中等学校の教師は，この牧歌的な見方と著しく対照的な認識を持つことが多い。上の理論からすれば，差し出される知識のご馳走を夢中で食べている熱心な生徒のはずであるが，教師の目に映るのは学習願望はおろか，自分が生得的な好奇心を持っているということに全く気づかないでいる，やる気のない若者たちである。生徒たちが仮にやりたいことを自由に選択できたとしたら，多くの生徒にとって，学校の勉強は彼らの行動計画表のずっと下位に顔をのぞかせる程度であろう。残念ながら，これが現実である。就学は義務的であり，教育課程の内容はほとんどの場合，学習者自身ではなく，社会が重要だと見なすことに基づいて選択されているのだ（Brophy 1998），ということを直視しよう。さらに，人生で最も活気に満ちた年齢にある生徒にとって，教室というかなり狭い空間に，ひどく長く感じられる間，閉じこめられるの

は苦痛である。また，絶えず監視され，評価されていることも彼らの幸福を増すことにつながらない。チクセントミハイと同僚の研究者たちは合衆国で大規模な調査を実施し，若者の間で学校の勉強は最も報われることの少ない活動であると見なされていること，また，彼らが学校生活を描写するために最も頻繁に用いた形容詞は「退屈」，「楽しくない」，「窮屈」であったことを明らかにしたが，この結果は驚くには当たらない（Schneider, Csikszentmihalyi and Knauth 1995, Wong and Csikszentmihalyi 1991）。

こういうわけで，ブロフィ（Brophy 1998）が主張するように，生得的な好奇心と学習の固有の楽しみはたしかに高貴で立派な概念であるが，本当に教室と関連した発言をしたければ，我々はもっと現実的な見方をしなければならない。ほとんどの教師にとって，動機づけに関する現実の課題は，彼らの生徒たちが特定の学習活動を楽しんでいるか否かとか，別の方法が用意されていたら学習に喜んで参加するだろうかなどと考えることではなく，生徒たちに対し決められた学習目標を受け入れるように激励する方策を見つけることである。教師は，よほど生徒運に恵まれない限り，担当の学習集団の動機づけが最初からできているということは，考えられないことである。教師は努力して，学習に対する生徒の肯定的な態度を積極的に培っていかなければならない。前章で考察した基本的な動機づけの条件が整っていたとしても，このような教師の努力は必要である。

3.1　学習者の言語関連の価値観と好ましい態度を養成する

動機づけの話を価値観（values）の問題から始めるのは適切なことである。人はすべて，幼い頃からずっと自分を取り巻く社会とそこに存在する自己像に関して，態度，信念，そして感情の集合体から構成される確固とした価値体系を持っている。この価値体系は我々の生い立ちと過去の経験の結果であり，それは我々の生活のなかで強力な役割を果たし

ている。すなわち，価値感によって様々な活動に対する我々の基本的な好みと取り組み方はおおむね決まってくる。したがって，L2学習者を動機づける際に，言語に関して肯定的な価値観と態度を養成することこそ，最も広範囲にわたる影響を産み出すことになる。以下，価値観の比較的独立した3つの側面を1つずつ取り扱うことにする。それは次の事項に関する態度と価値観である。

> **なるほど…**
> 偉業を成し遂げた人たち，大学者や金儲けの天才，歴史上，作中そして社会の様々な立場にある人々が，彼らの行為と考えを通して，生涯にわたって我々を鼓舞することを我々は知っている。
> (Tim Murphy 1998a: 205)

- 対象言語の実際の学習過程——「価値体系」
- 対象言語自体とその使用者——「統合的価値観」
- 対象言語を学習した結果とその効用——「道具的価値観」

この3つの領域を別々に概観する前に，人の価値体系を修正することはどれくらい困難なのかという，この3側面に関連する一般的な問題に手短に触れてみたい。何と言っても，この体系は永年にわたる様々な生活体験を通して形成されてきたのであるから，それに永続的な変化をもたらすことができると期待することは，我々教師の幻想に過ぎないのではないか。実際，これは妥当な懸念である。しかし，希望も少しは持てる。価値観は伝統的な指導法を通して直接伝達することはできないが，次の3つの過程を通してかなり効果的に社会に適合させることはできる。

- 価値観を体現している，学習者に尊敬されている手本に接すること
- 説得力のあるコミュニケーションをはかること
- 強力な学習活動を体験すること

この3つの過程のなかで最初の項目，すなわち，手本に接することをここでは取り上げたい。それは，教授全般を通して，最も強力な方法の1つと考えられるからである。

前章の2.1で教室内のモデリングの1例を示した。それは，教師が示す熱意とひたむきな姿勢が生徒たちに「伝染する」過程であった。しか

し，ティム・マーフィ（Tim Murphy 1998a）は，教師が生徒と年齢的に，また社会的地位においても差がありすぎているため，必ずしも理想的なお手本になるわけでないと主張しており，これは頷ける指摘である。代わりに彼が勧めるのは「生徒と同年齢の仲間に近いお手本」のような「身近な小型神」の様々な望ましい態度や実践をモデリングのために活用することである。生徒と同年齢の仲間に近いお手本とは，生徒と社会的，専門的，また年齢的にレベルが近い（またできれば性別も同じ）仲間で，何となく尊敬し敬服している仲間のことである。この「小型神」は，多くの点で生徒たちと非常に類似しているので，その敬服されている特徴がさらに目立ち，また真似できる可能性もより高いため，際だって強い衝撃をもたらす。したがって，マーフィがすでに言っていることであるが，もし仲間に近い，お手本になれるような人物を見つけて，（直接あるいはビデオで）生徒たちの前に登場させることができれば，強い印象を受ける生徒もいるであろう。こうした理由から，マーフィは順調に学習が進んでいる年長者の生徒を定期的にクラスに招き，また生徒たちが他の学習者に言語に関連した困難点をどのように克服したか質問する活動を設定してきている。また，生徒の感想を学級通信に載せたり，言語学習者の学習歴をまとめて小冊子にすることが，彼らの意欲を非常にかき立てるものとなったことも報告している。

ストラテジー・9

仲間のお手本を見せることで，言語に関連する価値観を高める。
〈具体的には〉
9-1．年長の生徒をクラスに招いて，彼らの肯定的な体験を話してもらう。
9-2．生徒たちに彼らの仲間の考えを学級通信などで知らせる。
9-3．担当する生徒たちを，教科に熱心に取り組んでいる（集団活動やプロジェクトの）仲間に加える。

L2学習の内在的価値感

L2学習の内在的価値感は、言語学習活動に対する生徒の関心と予想される喜びに関連する。関心を生み出す際の中心的な課題は、「生徒の欲求をかき立てる」こと、すなわち、生徒の好奇心と注意を喚起し、授業に対して魅力的なイメージを作り出すことである。これはまさしく「営業」活動であり、次のようなことを行うことができるだろう。

- L2学習の中の取り組みがいのある、魅惑的な、また納得のいく面を指摘する。
- L2学習を生徒がすでに興味を持っている、あるいは高く評価している活動（例えば、コンピュータ支援の学習など）と関連させる。
- L2学習で出会う多様な活動を強調する。
- 特に楽しい活動をいくつか実演してみせる。

第1印象が重要であるので、L2との最初の出会いをできるだけ肯定的なものにすることが肝腎である。この印象はいったん形成されると、学習者がこの教科との将来の経験をどのように予測するかに強い影響を及ぼす（Wlodkowski 1986）。

ストラテジー・10

L2学習過程に対する学習者の内在的な関心を高める。

〈具体的には〉

10-1. 生徒が楽しみそうなL2学習の側面を強調し、実演してみせる。

10-2. L2との最初の出会いを肯定的な経験にする。

L2及びその使用者に関連した統合的価値観

「統合性」という用語に最初に出会う場合、多少違和感を覚えるかも

しれないが，これはL2の動機づけ研究では由緒ある用語である。この概念は，カナダのガードナーと彼の同僚たちが最初に用いたもので（15ページを参照），必ずしも何かに「現実に」統合されることを指すのではない。むしろ，ほとんどの場合，それは「比喩的な」統合を指し，「他集団の成員との社会的な交流に対する個人的な意欲や関心」（Gardner and MacIntyre 1993: 159）を反映する概念である。すでに述べたところであるが，言語は社会や文化と密接に関連しているので，その効果的な学習には，文化，使用者，影響力など，L2が関連するあらゆることに対する肯定的な気質が必要とされる。さらに，外国語と「外国らしさ」全般に対する開放的で国際的な関心を持つことがL2学習には適切で，すぐれた態度である。「統合性」という言葉はこのような複雑な態度と関心をすべてうまく包括する語として用いられてきた。

【文化指導の参考文献】
　「文化」を教える，すなわち，学習者の中にある異文化間の障害を取り除くのを支援し，有能な文化間コミュニケーションの能力を育てるために開発されてきたすべてのストラテジーを要約することは，本書の及ぶところではない。優れた理論的な要約として，最近出版された ***Language Learners as Ethnographers*** がある。これは，英国におけるこの分野の著名な専門家数名の執筆によるものである（Roberts, Byram, Barro, Jordan and Street 2001）。非常に豊富な実際的なアイディアが **Tomalin and Stempleski（1993）**と **Seelye（1993）**の活動集に収められている。この点に関するさらに詳しい考察は **Byram（1997）**，**Kramsch（1998）**，**Lustig and Koester（1999）**を参照されたい。

統合的価値観と国際的な態度を養成することは，最近多くの注目を集めてきた。これは，1つには異なった文化背景を持った人々が相互に友好的な意思疎通ができないように思われることが理由になっている。言語教育の主要な目標は単にコミュニケーション能力でなく，「文化間コ

ミュニケーション能力」の養成にある，と主張する学者もいる（Byram 1997 参照）。実際，世界中で「文化」を授業の一部に組み入れた外国語コースがますます多くなってきた。価値観のこの側面が重視されていることは，外国語をその文化と言語使用者の社会的な現実を通して教えるという伝統的な実践が理論的にも妥当な基盤を持っていたことを示すものである。包括的なものではないが，L2 を「現実」にし，統合的価値観を高め，文化間理解を深めるために用いられる方法をいくつか列挙してみよう。

- L2 文化の興味深い・関連の強い側面に学習者をなじませる。
- 文化間の類似点（相違点だけでなく）に焦点を当て，様々なたとえを使って未知のことを親しみやすくすることで，学習者の文化間理解を組織的に促進する。
- L2 使用者についての一般的な固定観念と偏見を集めて，それがどの程度事実に合っているか話し合う。
- 授業中に L2 に関する教師自身の肯定的な経験を話す。
- 著名な人物による言語学習の重要性に関する話やその引用を集め，生徒たちに知らせる。
- 様々な文化的製品（例えば，雑誌，音楽，テレビ録画，ビデオ等）を授業に持ち込む。
- 教科書を本物教材（手持ちのものがある場合には）で補充する。
- インターネット上で，L2 が使われている国々について興味深い情報を見つけて発表の準備をするように，生徒に勧める。
- L2 使用者と会合を設定し，興味深い L2 母語話者をゲストとして授業に招く。
- L2 社会への修学旅行や交流事業を計画する。
- 生徒に L2 使用のペンパル（あるいはメール友達）を紹介し，（インターネットが利用できる場合には）チャットルームに注意を向けさせる。

> **ストラテジー・11**
>
> L2とその使用者，また外国らしさ全般に対する肯定的で開放的な気質を育てることで，「統合的」価値観を高める。
>
> 〈具体的には〉
>
> 11-1. 外国語シラバスに社会文化的要素を組み入れる。
>
> 11-2. 影響力の強い著名人の言語学習についての肯定的な見解を引用する。
>
> 11-3. L2社会を（インターネットなどを使って）自分で探索するように生徒に勧める。
>
> 11-4. L2使用者とL2文化財との触れ合いを多くする。

● 道具的価値観

「道具的価値観」とはL2習得がもたらすと考えられている実際的，実用的な恩恵に関連し，たとえば，次のような事項を含む。

- お金をよけいに稼げる。
- 昇進する。
- L2が必要条件になっている研究をさらに推し進める。
- 社会的な地位を高める。
- L2を必要とする趣味や他の余暇活動（例：コンピュータの使用）を続ける。

道具的な手法を用いれば，現行の価値観を変更したり改善したりする必要がなく，課題をうまく終了することをそのまま学習者がすでに重視している成果に結びつけられる。したがって，この手法は動機づけの価値観の側面を扱う最も単純な方法になる（Brophy 1998）。この結びつきが直接的であり，その成果が価値あるものであれば，一層その手法は効果的になる。L2能力と好ましい成果を心の中で長く結びつけていく状態を作り出すためには，時々，L2の知識を実生活で使う価値を話し合

うこともできる。また，L2を使った仕事をしてきた卒業生を招いて，L2をどのように使っているか話してもらうのもよい。

　L2学習の有用性をはっきりと示す別の方法は，生徒たちに前に学習したことを日常生活に適用させることである。学習の早い段階から（利用できるのであれば）インターネットの様々な機能（ディスカッション・グループ，チャットルーム等）を用い，その後L2使用者と積極的に仲間になるように勧める。さらに，他教科の学習のために，関連する記事を読んだり訳したりすることで，新たに学習した言語の能力を使ってみるように促すこともできる。

> **なるほど…**
> 　いつかその国を訪れることがあるかもしれないということで，この生徒たちを動機づけることはしばしば困難を伴う。いずれにせよそこには行きたくない，というのが一般的な言い返しである。
> 　　　　　　（Jennifer Alison 1993: 11）

ストラテジー・12

L2の知識と結びついた道具的価値観に対する生徒の理解を高める。

〈具体的には〉

12-1．生徒たちに，L2をしっかり身につけることが彼らの重視している目標の達成に役立つことを常に意識させる。

12-2．世界におけるL2の役割を絶えず指摘し，生徒自身にとってもまた彼らの社会にとっても，それがきっと役に立つことを強調する。

12-3．生徒たちに実生活の場面でL2の知識を使ってみるように勧める。

3.2 学習の成功期待感を高める

「成功期待感」（expectancy of success）という概念は、この40年間、動機づけ心理学で最も活発に研究されてきたものの1つである。これは、我々がさまざまなことに成功できると信じる場合にもっとも真剣に取り組むという紛れもない事実に基づく。同様に、成功を期待する時、学習は最もうまく進む。もちろん、成功期待感は、肯定的な価値観に伴われていなければならず、それのみでは十分ではない。我々は、たとえある課題に成功すると予期したとしても、楽しくない、そして高く評価される成果を生み出さないような課題に着手することはないであろう。成功期待感と価値観は連動しているのだ。この2つの重要な要素に基づいた動機づけ理論が期待価値理論と称されるのはこのためである（第1章1.1を参照）。

生徒がある課題に成功を期待するか否かは主観的な問題であり、しばしば、客観的な他者の推定と密接に関連しないことも生じる。「美しさの基準は人によって異なる」（Beauty is in the eyes of the beholder）という諺になぞらえれば、「期待感の基準は学習者によって異なる」と言うことができる。したがって、学習者を動機づける成果が大いに見込める分野は、彼らをより肯定的あるいは楽観的な気分にさせるように学習条件を意識的に整えることで、彼らの期待感を高めることにある。学習者にとって難しすぎる課題を与えてはならないという明白な前提条件に加え、成功期待感をより高める方法は他にもいくつもある。

- **準備を十分行う。**

  成功するかどうかの判断は、タスクの難しさのみでなく、学習者のタスクに対する準備状況にもよる。現代の言語教授法ではプリ・タスク（pre-task）活動が標準的な特徴になっており、この作業が成功

  > なるほど…
  > 生徒が必ず成功を期待するようにするもっとも簡単な方法は、彼らが常にそれを実現するようにしてやることである…。
  > （Jere Brophy 1998: 60）

の可能性を高める。教師の勧める，吟味した学習方法と手順も同様の役割を果たす。(動機づけを高めるようにタスクを提示する方法については第4章4.2を参照。)

- **支援を提供する。**
  生徒が学習活動中に教師の指導と助けを期待できることを知っていれば，当然彼らの成功期待感は高まるであろう。生徒が自分の力だけで行うには難しすぎるような課題も，教師の支援の下で行えば適切なものになることがある（Brophy 1998）。

- **生徒に相互援助を行わせる。**
  小集団協同作業が動機づけに特に有効なのは，生徒たちが同じ目標に向かって活動している仲間がいることを知り，そのことで「数が多ければ安心」という確信を持てるからである（Dörnyei 1997）。

- **成功基準をできるだけ明確にする。**
  生徒は特定の場面で「成功」が何を意味するかはっきりしている場合のみ，確信を持って成功することを期待できる。成功基準が学習の最初の段階から学習者に明らかにされるとき，彼らは自分の活動と発表のどの要素が大切なのかを知ることになる。基準が公開され，かつ明確なとき，生徒は成功への「道路地図」を得て，学習の進行途中で絶えずその状況を自己評価することができる（Wlodkowski 1986）。(よくあるように) 成功基準に学習者の学習成績の評価が含まれる場合には，テストの正確な形式（すなわち，分量，出題形式），詳細な出題範囲，評価基準といった情報は学習者にとって有用である。過去問およびテスト用紙は予想される内容の現実的な実例になる。

- **成功例を模範例として示す。**
  成功基準が詳細に示された場合でも，この基準に向けてどんな準備をなすべきかを想像できず，そのためにタスクに対処できるか不安を感じ続ける学習者もいるかもしれない。このような学習者にとって，何かの「実演」，すなわち，生徒たちが期待される学習活動をうまく行っている例を見ることは大変役に立つ。このモデリング活動は仲間や

修了生が効果的に行うことができるが，期待されている学習成果を実際に見せるにはビデオ録画でもうまく行える。
- **学習の潜在的障害を精査し取り除く。**

ウラッドコースキー（Wlodkowski 1986）によると，学習者が一連の学習課題（単一の課題であっても，もっと長い連続した物であっても）に取り組むとき，多くは必ず何が目標到達の障害となるか考え始める。この障害要因は，時間不足，やらなければならない他の課題，参考資料の不足，他者の妨害，など多数である。事前にこのような問題を取り上げ，できれば学習者自身にも積極的に考えさせるならば，彼らの成功期待感を高めることになるであろう。教師が解決法をすぐさま提示できなくとも，生徒がこの潜在的障害物を心にとめていることが，将来の計画を立てる時間をより多く彼らに与えることになるであろう。

ストラテジー・13

特定の課題および学習全般に関する生徒の成功期待感を高める。
〈具体的には〉
13-1．生徒が十分な準備と支援を必ず得られるようにする。
13-2．生徒が課題の成功には何が必要とされるか正確に知るようにする。
13-3．成功を阻む重大な障害が存在しないようにする。

3.3 学習者の目標志向性を高める

どこの国でも教育行政当局は，たえず教師たちに彼らの指導目標を一層入念に詳述するように要求している。我々の多くは，しばしば（中央から配布される教育課程の指針に基づいて）各担当教科の一般目標を詳細に記述した大量の書類と，（公的な指導事項明細書に基づいて）この

教科内の各授業の細かな指導目標を準備するのに，長時間費やさなければならなくなっている。しかしこの目標記述は，まさにこの授業中に生徒たちが実際に追っている目標とは全く異なっていることがよくある。実際，普通の教室では，ほとんどとは言わなくとも，多くの生徒たちは学習活動をしている理由を実は理解していない（あるいは，認めていない）。このことは，すでに様々な研究で指摘されてきたことである。「公式の授業目標」（すなわち，指導内容に習熟すること）が教室集団の唯一の目標となっていないことは十分あり得るし，集団の数ある目標の1つにもなっていないことがある。

　この多様な目標が共存している可能性に私が気づいたのは，成人向けの夜間 L2 コースを初めて担当した時であった。このコースは様々な点で啓発されることの多い，満足すべき経験であった。集団のまとまりがよく，集団意識もきわめて旺盛であり，学生数の減少もほとんどなく，全般的に楽しい時間であった。問題はただ1つ，それも些細なものであった。集団が成長するにつれて，授業中の実際の学習量が次第に減少したのである。何が起きているのか理解しようと，たまたまこの授業の受講生でもあった心理学専攻の友人と長時間話し合った。結局，はっきりいつとは言えないが，このコースの途中でこの集団は主要な目標を変更したのだという解答を，我々は思いついた。集団内部の個人的なつきあいが実りの多いものになり，そのために学習目標よりも社会的目標が集団の主要な関心事になったのだ。公正を期すために言えば，学習者の観点からすると，これは全く理に適ったことであった。要するに，成員の幸せ全般を考慮すれば，自分を受け入れ，支持してくれる社会の一員として新しい友達を作ることは，英語を学習することに劣らず重要なのである。

> **なるほど…**
> 　集団がうまく機能する基本になるのは，方向感覚と共通の目標を持つことである。狙いを決めて，それに同意することは，集団が皆で取り組まなければならない最も困難な作業の1つである。
> 　　　　　　(Jill Hadfield 1992: 134)

私は，同様のことを成人教育以外の領域でも経験した。平均的な生徒にとって，「学校」はまず第1に社会的な活動の場であって，勉強の場ではない。このことを我々は認めなければならない。彼らが学校にいるのは，勉強したい欲求からよりもむしろ義務感からであり，彼らが関心を持っているのは，しばしば教科の学習よりも恋愛，容姿，仲間内の人気である。実は，学校における動機づけについての最近の調査が強調していることは，教室内の動機づけのレベルで生じていることを本当に理解するためには，勉強の動機と社会的な動機の相互作用を観察する必要があるということである（Juvonen and Wentzel 1996, Wentzel 1999）。こ

> **なるほど…**
> 個人の目標と集団の目標の厳密な関係について研究者間では意見が分かれているが，小集団が生産的に機能できる成熟した集団に発展するためには，集団の成員がすべて同じ集団の目標を持っていなければならないという点に関しては全般的な合意が見られる。表面的には，英語の教室ではこれは問題になるとは思えない。なぜなら，理屈の上では教室の全員が英語の学力向上という同じ目標を持っているからである。しかし実際には，状況はこれとは非常に異なっており，言語教師は時間をかけて一般的な集団目標を設定する必要が生じる場合もあるだろう。
> (Rosemary Senior 1997: 5)

こで意味していることはとりも直さず，どんな時でも，担当する生徒たちをある目標に専念させたい時，生徒たちの何人かは教師の意図する目標に加えて，あるいはそれは無視して，別の目標を追求していることもあるという実態である。どうしたらこの目標につきものの多様性に対処することができるか。教室集団の目標志向性を意識的に高めることはできるのだろうか。

元気な10代の若者が仮に30人いるクラスだとしたら，ある程度の目標の不一致と曖昧さがあることはおそらくごく一般的な特性であると思う。しかし，吟味した手法で目標を設定することで，驚くほどうまく学習者たちを課題に立ち向かわせることもできる。一番手っとり早い手法は，生徒たちと目標全体についての話し合いを切り出すことである。私

の経験であるが，新しい外国語コースの受講生たちが自分自身の個人的な目標を仲間と自由に話し合うように言われたとき，目標はたいていかなりのばらつきを示した。そして，そのことが，結果として「教室目標」の概要をまとめるという目的のために実り豊かな交渉過程を産み出したのだった。教室集団が1つの共通目標とその方向感覚に関し，次の3点を勘案して意見の一致を見ることができたとしたら，その時点で教師は動機づけの問題を半ば克服したも同然である。

> **目標は成績にどう影響するか？**
> 　目標が学習者の成績に影響を及ぼすしくみは4つある。
> ・目標は，関係のない，あるいは障害になる行為を排除して，目標に関連のある活動に向かって注意と努力を集中させる。
> ・人々は課題の困難度に合わせて自分の努力を調整するという点で，目標は人々が傾ける努力の量を規制する。
> ・目標が達成されるまで人々に学習を持続することを奨励する。
> ・目標は適切な行動計画と課題解決手法の探索を推し進める。

- 個人の目標（楽しく過ごすことから試験に合格すること，あるいは生活に最低限必要な初級レベルに到達することまで様々である。）
- 指導上の制約（「皆さんは，ここにL2を学びに来ているのです」「これが今年の授業内容です」）
- 成功基準（従来，試験や成績と深く関連してきたが，たとえば，ポップスグループの歌詞を大部分理解できることや，他の明確なコミュニケーションの目的のような，試験や成績以外のコミュニケーションの基準がより優れた刺激剤になることもよくある。）

いくつもの要素を組み合わせた複合集団目標が設定されたら，次にそれを教室内に掲示することもできる。また，「教室目標」を決めるための最初の努力だけで終わるのでなく，最初の目標に向かって進歩するため，繰り返しこの目標を見直す作業を行う必要があることを指摘することも大切である。そのような「目標復習」は，教師と生徒の両者に学習の勢いを見定め，回復させる機会を与えることになる。

最後に，教室内では勉強の目標と社会的な目標が本来的に相互に影響しているのであるから，学習者にとって最も強い動機づけとなる活動と経験は，多くの場合，両方のタイプの目標を同時に追求し，また実現することに関わるものである（Ford 1992)。この問題には4章の4.5で，教室において生徒に肯定的な社会的心象を維持させることの重要性を論じる際に，再度触れることにする。また，4.3で目標についてさらに論じ，そこでは短期的な目標設定の手順をもっぱら取り扱うことにする。

ストラテジー・14

生徒の目標志向性を，彼らが認める教室目標を明確に定めることで高める。

〈具体的には〉

14-1．生徒たちに個人的な様々な目標を話し合わせ，共通する目標の概要を議論させて，最終的な結論を公に示す。

14-2．時々，教室目標とそれを達成するために特定の活動がどのように役立つかに注意を引く。

14-3．教室目標を，必要ならば再調整することで，達成可能な状態にしておく。

3.4　教材を学習者に関連の深いものにする

　ここで扱う問題の核心は，すでにマコームズ／ウィスラー（McCombs and Whisler 1997: 38）が次のように簡潔にまとめている。すなわち，教育者は生徒が学習に関心を示さないと考える，しかし生徒は関心はあるが自分たちの必要とするものを得ていないと我々に語っている。たしかに，学習者にとって動機づけを失わせる最大の要因は，自分の生活に少しも関連があるとは思えないために学ぶ意味を見いだせないようなことを，学ばなければならない時である。残念なことに，このような経験は

我々の多くが考えているよりもずっと頻繁に生じている。ブロフィ（Brophy 1998）が述べているように，何と言ってもほとんどの学校の教科内容と学習活動は，主として生徒が学ぶ必要があると社会が考えていることに基づいて選択されているのであり，生徒が機会を与えられたら自ら選ぶような内容に基づいてはいない。「学校は生徒のために作られているが，生徒の観点からすれば，教室内の時間は外部から押しつけられた要求を満たそうとする強制的な努力に費やされている」(p. 10)。

> **なるほど…**
> 教師が生徒に学習の動機づけを与えようとしたら，ギリシャ神話の「運命の赤い糸」のように，すべての活動は関連づけられていなければならない。生徒たちが活動と自分の住む世界の間に関係を認めることができなければ，活動の意味は彼らにはおそらく理解されないだろう。…もし生徒たちが自分たちと教科のつながりを認めなかったら，教師は最初から難題を背負うことになる。
> （Gary Chambers 1999: 37-8）

というわけで，教育学の文献で教師に提供される動機づけに関する助言の多くは，煎じ詰めれば次の一般的な原則にまとめられる。すなわち，担当している生徒がどんな目標を持っているか，そしてどんな内容を学習したいと思っているか理解して，その上で，この要望を教育課程の中にできるだけ多く取り入れよ。これは十分納得のできる指摘である。生徒は教えられる内容に学習する価値があると考えなければ，学習する動機づけを与えられることはないのだ。

逆に，学校での達成基準を特に重視する国では，生徒たちにできるだけ早く受験の準備をさせるように教師に対する圧力が強くなる。多くの教師は教育課程の内容を絞り，試験に向けた指導を行うことでこの要求に応える。外国語テストの大部分が実際のコミュニケーションの言語内容を評価しないことを考えれば，大部分の生徒がL2でコミュニケーションを行えるようになることを目指して学習するという紛れもない事実とは裏腹に，コミュニケーション能力の指導は多くのL2の教室で無視されるようになる，あるいはこれまでどおり無視され続ける。生徒の要

望に対応しないというこの問題は，ほとんどの教師が絶えず時間に追われながら勤務する実態でさらに深刻になっている。我々のほとんどにとって，教育課程を個人に合わせ，ある項目を詳しく説明し，必要なところで教材を補充するのに必要な時間の余裕は全くない。

このように，様々な理由で，我々は既存の教育課程——これは普通，教科書であるが——を否応なく押しつけられている。個々の教師が今使っている教科書をどう思っているか，私は知らないが，私の印象では，最も優れたものでも娯楽雑誌のような代物であることが多く，色彩豊かな

> 困ったことに…
>
> 　教師は教育課程の範囲を「網羅する」ように強く圧力をかけられている。国の規準，地域の方針，そして特に標準テストに対応するべく，多くの教師は必修内容を大急ぎで終わらせることになる。生徒の動機づけ，興味，そして長期的な学習が失われることがかなり明らかなのに，彼らはそうすることを余儀なくされている。明らかに，1日あるいは年間を通してすべての必修内容を十分に扱うのに必要な時間がない。その一方で，授業時間が確実に減少しているのに，新しい内容が絶えず追加されている。　　　(Jeff Passe 1996: 68)

「楽しい」豆記事が詰まっているが，どれもあまり読者の琴線に触れることがない。このようなテキストで生徒を動機づけるには，内容を生徒の日常体験や背景に関連づける必要がある。このために，私は自分の授業で「自分の家ではどうなるだろう」（'How would it go at home?'）と勝手に呼んでいる活動をしばしば用いてきた。この活動は，生徒に教科書で扱われている主題を彼ら自身の生活体験と結びついた場所と場面にあてはめるとどうなるか想像するように求める。このような活動はしばしば教科書と実生活の興味深い対比を際立たせ，意図的にあるいは偶発的にパロディを産み出し，一般に，学習に個人的な色合いを付け加える。多民族学習者集団では，そうした活動は文化間理解の促進に寄与することにもなる。

我々は制度あるいは教育課程の制約に完全に束縛されているわけではなく，教材を活気あるものにする自由裁量をある程度許されていると想

定してみよう。このような「理想的な」世界で教材を学習者に関連の深いものにするために，我々は何ができるだろうか。

　その第1段階は，おそらく，担当する生徒たちの関心，趣味そして欲求について我々自身がよく理解することである。内容を生徒の関心と経験に関連づけたいと願うならば，それについて十分な知識を持たなければならない。次のような手段をとることでそれが実現できる。

- 面接と1対1のおしゃべり
- 集団討議とブレーンストーミング（生徒が重視している出来事や人々，彼らが訪れたいと思う場所，彼らがうらやましいと思う，あるいは非難する生活様式などに関して）
- 作文課題
- 自由回答式質問法によるアンケート（例：「明日，学校に来なくてもよくなったら，一番やりたいことは何ですか？」，「～における人々の生活についてあなたが最も関心を持っているのは何です

困ったことに…

　L2の教室で教師が従うことになる教材を決定するのは，事実上，教科書会社である。この教材が現実のニーズと関心に基づいたものであったら，何ら問題にはならないだろう。出版社はその通りだといつも主張するが，商業上の利害がしばしば著者の創造性に優先する。教科書出版は巨額の資金が動く事業であり，それ故に出版社は「論議を呼びそうな」（controversial）話題を用いることで潜在的な市場の機嫌を少しでも損なわないように細心の注意を払う。そして，もしアジア，ヨーロッパ，アラブ世界，あるいは南米のよ うな多様な市場を念頭に置く国際的な出版社であれば，おそらく最後まで残るのは中立的で無味乾燥な話題になるであろう。数年前に私の執筆していた教科書に「性」（sex）という語を用いようとしたとき，ある出版社と交わした激しいやりとりをよく覚えている（結局，私が「避妊」について書いてもよいということで折り合いがついたのだが…）。その後，少しして，私の友人は編集者から最もよくできた章の1つにバツ印をつけて原稿を返却された。「素晴らしいアイディア。他社で使われたし…」との添え書きがあった。

か？」，さらに，「この授業で最も得たいと思うことは何ですか？」）
- 文章完成法によるアンケート（例：次のような文句で始まる文を完成させる：「私がもっと頻繁にやりたいことは＿＿＿＿」；「私が怖いのは＿＿＿＿」；「人々がすべきことは＿＿＿＿」）

こうした類のニーズ分析はたいていの場合，豊富な資料を提供し，それは次にさらなる討議と手直しにかけられる。基本的な動機づけの条件が整っているクラスでは（第2章を参照），生徒たちの関心，想像力，理想を具体化した真に意味のある項目を選択できるはずである。

ジェニファー・アリソン（Jennifer Alison 1993）は，教師が十分「大人らしい」(adult) 学習内容，すなわち，若者を大人の世界に触れさせることのできる内容を見つけることの重要性を強調している。これは10代の学習者を教える際のさらに重要な点の指摘である。

学習者の言語使用のニーズに関し，次の点に焦点を合わせ，またこれを基礎に次の段階に進むことを考えてもよいであろう。
- L2に関連したどんな活動を，これまでのところ熱心にやっているか。（例：コンピュータ・ゲームなど）（もしあれば）
- L2を用いたどんな交際をしているか。（もしあれば）
- L2のいずれのスキルを最も重要・有用であると見なしているか。
- L2に関連したどんな目標を持っているか。（もしあれば）
- L2を話せるとしたら，何のためにそれを使っていると想像できるか。
- 将来，自分がL2を使っているどんな場面を思い浮かべることができるか。

この手続きの第2段階，すなわち，得られた情報を使って教室の話題と活動を生徒の実生活の体験と嗜好に関連させる準備ができたとき，生徒自身の援助を頼まない手はない。生徒たちは，自分たちの授業予定を自ら計画し，（教科書と補助教材の両方を含む）教材の選択を話し合うことに必ず興味を持つ。生徒たちの多くは，また，楽しみながら教科書のある単元の「代替教材」を書き，主題の提示やゲームを企画すること

であろう。さらに，ウラッドコースキー（Wlodkowski 1986）が示唆しているように，ニーズ分析の段階を通して得られた情報を生徒たちに還元することで，彼らはできあがった授業目的と授業内容が自分たちの見解を反映していることを確かめることができたことになり，そのこと自体が動機づけとなる。

ストラテジー・15

教育課程と教材を，学習者に関連の深いものにする。
〈具体的には〉
15-1. ニーズ分析の手法を用いて，担当する生徒のニーズ，目標，そして関心について理解し，次にこの知見をできるだけ多く自分の指導計画の中に取り入れる。
15-2. 指導内容を生徒の日常体験と背景に関連づける。
15-3. 授業の計画と運営に生徒の協力を得る。

3.5　現実的な学習者信念を作る

　ほとんどすべての学習者は言語学習についてある種の信念を持っており，その信念の大部分が（少なくとも部分的には）誤っていることが多い。数ヶ月もすれば外国語を習得できると思っている者もいれば，何年苦労しても十分ではないと信じている者もいる。また，L2 は現地の環境でのみ学習可能であると思っている者もいれば，早いうちに始めれば，学校での L2 学習は有効になると信じている者もいる。「早い」うちに始めるということを 8～9 歳頃と考える者もいれば，5 歳を越えれば全く遅すぎると信じている者もいる。外国語の上達には特別な「コツ」がいると考える者もいれば，努力と粘り強さがあれば十分だと信じている者もいる。文法上の間違いは何としても避けなければならないと思っている者もいれば，通じさえすれば間違っても大したことはないと信じて

いる者もいるようだ。このようなことはいくらでも挙げることができる。

もちろん，上のような問題には曖昧さがないわけではないし，専門家間でも意見の不一致が生じることがある。幸運なことに，応用言語学は（かなり）発達を遂げ，極端な見方は明確に排除できる場合もある（下の枠内の言語習得に関する参考書を参照されたい）。間違った信念は本当にL2習得の障害になるのだから，それを取り除くことは重要だと信じる。学習開始時点での進歩の量と速度についての非現実的な信念は，「時限爆弾」のような働きをすることがある。なぜなら，後で必ず失望が襲ってくるからである。学習の何が重要で，何が重要でないか，あるいは何が最善の学習方法かに関するかたくなな信念は教師の指導法と衝突して，そのために進歩の妨げになることがある。授業の早い段階から，到底かなえられないような期待と間違った前提については処理しておくのが最善の策である。

【言語習得に関する参考書】

　第二言語の習得過程と，様々な要因がこの過程に関与する様子を詳細に説明できるまでさらなる研究が必要とされる。しかしながら，この数年間で言語教師のための簡潔で便利な概論書が何冊も刊行された。**Lightbown and Spada**（1999）は第一，第二言語習得の読みやすい導入になっているし，最新の参考資料は最近出版された3冊の専門事典に記載されている（**Byram 2000, Corson 1997, Spolsky 1999**）。興味深いことに，別の出版社3社も言語教師の観点から広範囲のL2研究を概観する書物を刊行している（**Carter and Nunan 2001, Schmitt 2002, Kaplan 2002**）。

誤った学習者信念に立ち向かう最善の方法は何だろうか。それには，重要な問題をいくつか生徒たちとはっきりと話し合うことを提案する。この場合，話し合いを伴うピラミッド型討議方式をとることができるかもしれない（この方法の説明は2章2.3を参照されたい）。話し合いの要点

に，次の項目を含めるとよいだろう。
- 言語学習全般と，とりわけ今学習中の特定のL2学習の難しさ
- 生徒が期待できる現実的な進歩の速度
- 成功するために生徒に必要とされること
- 最も優れた言語学習法

　上の3番目の項目に関して，努力とは，何か退屈な雑用ではなく，投資なのだと述べることで，努力の必要性を強調することが大切である（Brophy 1998）。私の経験では次のことを指摘することが有効であった。すなわち，世界中の人々の過半数が二重言語使用者であり，その多くは大人になってから第二言語を学んだのであり，このことは，適性がなくとも忍耐心と熱心な取り組みがその埋め合わせとなりうることを物語っている。多くの成人が，新しい学習活動を始めるには年を取りすぎていると信じる向きがあるが，このような想定は外国語学習に成功した成人の例を持ち出すことできわめて容易に論破できる。

　最後の点，すなわち，最も優れた言語学習法に関し，今のところ外国語学習の「完璧」な方法についてだれも知らないということを強調することは，大変重要であると思う。L2の習得はいくつもの方法で，様々な手法を用いて実現できる。したがって，成功を実現させる大きな要因は，学習者自身が最も効果的な学習方法と手法を見つけることである。

　話し合いを始めるのに効果的な方法は，学習者にイレイン・ホーウィッツ（Elaine Horwitz 1988）が開発した，学習者信念についての手短なアンケートを実施し，世間一般の通念や神話の妥当性を分析する出発点としてその回答を利用することである。ホーウィッツの「言語学習信念明細表」（Beliefs About Language Learning Inventory: BALLIと略）は，34項目（訳注：実際は33項目）からなり，次の5つの主要領域での学習者信念を測定する。すなわち，言語学習の難しさ，外国語適性，言語学習の本質，学習とコミュニケーション・ストラテジー，動機づけと期待感の5領域である。（実際の項目は以下を参照。）

イレイン・ホーウィッツの言語学習信念明細表（BALLI）

＊ここでは項目は主題ごとにまとめてあるが，もともとは主題をはずしてランダムに提示されていた。特別な指示がないかぎり，回答者は各項目に対する賛意の程度を，次の5つの解答選択肢から1つ選択して示す。
　1＝強く同意；2＝同意；3＝同意も反対もしない；4＝反対；
　5＝強く反対

■言語学習の難しさ
・学習困難な言語と容易な言語がある。
・私が学習しようとしている言語は：①大変難しい言語，②難しい言語，③中程度の難しさの言語，④容易な言語，⑤大変容易な言語。
・私は，最後にはこの言語を大変うまく話せるようになると信じる。
・この言語の学習に1日1時間費やしたとしたら，自由に話せるようになるにはどれくらいの期間が必要か？　①1年未満，②1〜2年，③3〜5年，④5〜10年，⑤1日1時間では言語を学ぶことはできない。
・外国語を聞いて理解するよりも話す方が容易だ。
・話したり理解したりするよりも，読んだり書いたりする方が容易だ。

■外国語適性
・外国語を学ぶのは成人よりも子どもの方が容易だ。
・生まれつき外国語の学習を助ける特別の能力を持っている人がいる。
・すでに1つの外国語を話せる人にとって，もう1つの言葉を学ぶのはもっと容易になる。
・私には外国語適性がある。
・女性は男性よりも外国語学習に優れている。
・数学と理科が得意な人は外国語学習が得意でない。
・2ヶ国語以上を上手に話す人は大変頭がよい人だ。
・アメリカ人は外国語学習が得意だ。
・だれでも外国語の会話をマスターすることができる。

■言語学習の本質
・外国語を話すためには外国の文化を知る必要がある。
・外国語は外国で学ぶ方がよい。
・外国語を学ぶことは，主として新しい語彙をたくさん学ぶことだ。

- 外国語を学ぶことは，主として文法規則をたくさん学ぶことだ。
- 外国語を学ぶことは他の教科の学習とは異なる。
- 外国語を学ぶことは主として英語から翻訳することだ。

■学習とコミュニケーション・ストラテジー
- たくさん反復，練習することが大切だ。
- LL で練習することが大切だ。
- 素晴らしい発音で外国語を話すことが大切だ。
- 正確に言えるようになるまで外国語で何も話すべきではない。
- もし私が今学ぼうと努力している言葉を誰かが話しているのを聞いたら，私はその言葉を話す練習をするためにその人のところまで行く。
- 外国語のある単語を知らなければ，推測すればよい。
- 他人の前で外国語を話すのは気が引ける。
- 最初に間違いを犯すことを許されると，後になって直すのが困難になるだろう。

■動機づけと期待感
- うまく話せるようになったら，それを活用する機会が多く出てくるだろう。
- 上手に話せるようになったら，よい職業に就く助けになるだろう。
- アメリカ人は外国語を話すことが大切だと考えている。
- 私がこの言語を学びたいのは，その言語を使う人たちをもっとよく知ることができるからだ。

(Elaine Horwitz 1988)

ストラテジー・16

現実的な学習者信念を作る手助けをする。

〈具体的には〉

16-1. 学習者が持っているかもしれない誤った信念，期待感，想定に明確に対応する。

16-2. 言語を学ぶ様々な方法と成功に寄与する多くの要因に関する，学習者の一般的な理解を深める。

第4章 動機づけを維持し保護する

　動機づけを高める教室環境を作り出すための要素がすべて整い，学習者がL2に関連する肯定的な価値感や成功への高い期待，十分に明確な目標，使用される教材への一般的な興味，そして現実的な信念をもって，学習場面に臨んでいると仮定しよう。これで学習者の動機づけの行動計画をうまく完結したと言えるだろうか。いや，そうとは言えない。23ページ（図2）で紹介した動機づけのプロセス・モデルを振り返って検討すれば，モデルの局面の1つがとりわけ重要であることがわかる。それは「行動段階」（actional stage）である。適切な動機づけの手法を用いて，生徒のニーズを初めに刺激することは大切である。しかし，行動が開始されて軌道に乗ってくると，新しい動機づけの影響（好ましいものもあれば好ましくないものもある）が力を発揮するようになる。そしてこの段階で動機づけを積極的に維持し保護しない限り，目標を見失い，活動に疲れて飽きてしまい，魅力的な気晴らしに屈するというような傾向が自然に生じ，初期の動機づけが次第に消滅してしまうであろう。つまり，動機づけは積極的に養成する必要があるのだ。

　幸運なことに，「動機づけ維持」ストラテジー（もしくは「実行動機

> **なるほど…**
> 　いかなる学習も飽き飽きさせるものになり得る。それは多くの場合，我々が意図しなくとも，誰にでも起こることだ。飽和（satiation）とは人間の内にある，エマソンが言うところの「神聖なる不満」（divine discontent）の表れである。
> 　　　　　（Raymond Wlodkowski 1986: 144）

づけ」(executive motivational) のストラテジー) の領域は特に充実している。なぜならば，進行中の行為は，タスクを提示し実施する方法から自己を動機づける方法の指導に至るまで，非常に多くの異なる方法で修正することができるからである。本章では8つの最も強力な実行動機づけの領域について考察する。

4.1 学習を興味をひく楽しいものにする

　人は普通，楽しい活動に取り組んでいるときには，考え学ぶことに多くの時間を使うことをいとわない。これは，クロスワード・パズルに夢中になったりアマチュア演劇のリハーサルをしたり，またはコンピュータをいじったりすることに多くの時間を費やすときのことを考えてみればすぐに理解できる。これらの例が示すのは，学習が必ずしも退屈でつまらない活動でなくともよいということである（実際はつまらない場合も多いが）。もし我々が，学習過程を何らかの形でより興味深く，楽しいものにできたなら，それは学習者のやる気を持続させることに非常に貢献する。これはほとんどの動機づけ心理学者が同意し，また教室の教師が大いに納得する考えである。実際，「動機づける」という形容詞を，「興味深い」と同じ意味で捉えている教師が多くいるだろう。

　まずは難しい疑問を提示したい。もし理論家と教師が，学習をより興味深く楽しいものにすることの重要性において同意しているのなら，教

> **まだ思い出せますか？**
> 　私が10代の頃——ご存じのとおり皆さんすべてにとっていつも問題になることなのですが——申しましたように，私が10代の頃，私は友達と一緒にいたり家でテレビを観たりすることを好んだものでした。時には，授業を受けているときに時計を見て「もっと早く時間が進めばいい！」と心の中でつぶやいたものでした。また時には，先生がしゃべっているのに，私は本当に外に出く他の場所に行ってしまいたくなり，先生の話を聞いていなかったものでした。
> 　（英語学習者へのインタビューより。
> 　（Silvia 2001 を編集）

室内学習の一般的特徴はその正反対で，魅力がなく退屈でつらいものだ，とこれまでの研究で指摘されているのはなぜなのか。次のようないくつかの理由が挙げられる。

・多くの教師が（そして学習者も），真剣な学習はつらい作業であり，もし学習が楽しいものであれば，その学習が真剣で重要なものであるかどうかが疑わしい，という信念を共有している。たしかに，ラッフィニ（James P. Raffini 1996: 11）がうまく要約しているように，「『楽しい』という単語は，学校では評判が悪いことが多すぎる。」

・決まった範囲を終わらせ，テストや受験に通用する力をつけさせなければならないというプレッシャーが増す中で，教師の注目点は必然的に，過程，つまり学習者がどのくらい意欲的に取り組み楽しんでいるか，ということから，結果，つまり早く目に見える成果を出すことに移っていった。

・すべての学習課題を完全に魅力的なものにすることはできない。我々は教育課程をすべて指導しなければならず，ある部分が，他と比較して生徒にとってはより魅力的であることがあるのはやむを得ないことである。コビントン／ティール（Martin V. Covington & Karen Manheim Teel 1996: 90）は，我々教師は娯楽産業に従事しているわけではなく，すべてを楽しみに変えることを期待されても困る，と指摘している。

・学校での学習はたくさんの「座学」を必要とする。これは，すでに述べたように，学校で学ぶ学習者のほとんどは成長期の最も活発な時期におり，1日をほとんどじっとして過ごすことを極めて困難に感じるという事実に反している。これは当然の指摘である。

以上，問題点を指摘したが，いい知らせもある。それは，教室内学習を生き生きとさせる効果を認められた，非常にたくさんの動機づけストラテジーがあることである。このことは，実現可能なものの中にも，学習をより興味深いものにするための観点を，ほとんどとまではいかなくても，多くの場面で見つけることができるかもしれないことを示してい

る。大まかにいって、次の3つの主要なタイプのストラテジーを実行することができる。

- 学習の単調さを打破する。
- 課題をより面白いものにする。
- 生徒の関わりを増やす。

当然ながら、これら3つの活性化の目標は重なり合う部分がある。学習の単調さを打破するものは、学習過程をより面白くする。面白ければ、生徒の関わりも増す。しかしながら、これらの論点を別々に取り上げる方が、議論がわかりやすいだろう。もう1つ記すべきことは、本章の後半で議論される他のあらゆる動機づけの側面も、学習経験の質の向上に貢献するということである。なぜならば、ある意味では生徒を学習に動機づけるすべてのものが、授業の魅力を増加させるからである。

> **なるほど…**
> 成功を確実なものとせよ…教師が、外国語を話すことの利点を一生懸命説明しても、生徒の関心は多くの場合、それよりも目先のことに向けられている。彼らは得意なことを好む。
> （Jenifer Alison 1993: 12）

学習の単調さの打破

面白い指導法を織り交ぜた授業でも、学年が進むにつれて教師も生徒も変わりばえのしない日課に慣れてしまう危険がある。そしてその活動は容易に、変化の乏しい「お決まりの日課」に変わってしまい、授業は迫力を失いかねない。単調さは多様性と反比例する。単調さを打破するには、可能な限り多くの学習過程を変化させる必要がある。何よりもまず大切なのは言語タスクである。例えば以下のような点を変化させることができる。

- タスクの言語的側面（例えば、文法タスクの次には社会文化的なことに重点をおいたタスクを行う）。
- タスクが活性化させる主要な言語スキル（例えば、書くタスクの次には話すタスクを行う）。
- コミュニケーションのチャンネル（学習に対応する様々な聴覚、視

覚，触覚的方法；視覚的教材の重点的な使用)。
- 組織形態（例えばクラス一斉タスクの後にグループ作業やペア・ワークを行う)。

しかしながら，多様性はタスクだけに限定されるものではない。以下のような，指導・学習過程の他の側面にも関連する。
- 教師の提示方式
- 学習教材
- 生徒の関与の程度（例えば，ときには生徒が活動の一部を指揮する）
- 教室の空間的構成（例えば，机と椅子の配置方法）

教室内での指導の単調さを打破する最後の方法は，学習活動の一般的なリズムと順序である。教室内での様々な指導活動は伝統的に「情報の論理的な流れ」(Wlodkowski 1986: 145) に基づいているが，動機づけの観点からすると「動機づけを高める流れ」(motivational flow) も同時に重要である。例えば，適切な雰囲気を作るために，ちょっとした面白いゲームなどの「雰囲気作りの活動」で授業を始めることは効果的である。もしくは，熟考が必要とされるゆっくりとした活動の後には，何がしかの動きを伴う息抜きの活動や，異なる種類の集中を必要とする速いテンポの活動（小さなゲームなど）を設定することも一案である。

もちろん，上述した指導のすべての側面を，指導者が体系的かつ継続的に変化させるべきであると提案しようとしているわけではない。そんなことをすれば教師は疲労困憊してしまうだろう。むしろ，我々はこの多様性を，例えば料理の材料に見たてることができる。まったく同じメニューを毎日出さないことだけを気をつけていればよいのだ。さらに，時には予期せぬ意外なことをしてみることも考えられる。生徒が予期するようになったことから時折離れることで，動機づけを高める流れの決定的な急上昇を引き起こすことができる。

第4章　動機づけを維持し保護する

> **ストラテジー・17**
> 教室内での活動の単調さを打破することによって，学習をより興味深く楽しいものにする。
> 〈具体的には〉
> 17-1．学習タスクやその他の指導にできる限り変化を持たせる。
> 17-2．授業内で，情報の流れだけでなく動機づけを高める流れに焦点を当てる。
> 17-3．時には生徒が予期しないことをしてみる。

● タスクをより面白くする

　課題に変化を持たせることは重要である。しかし，いかに変化に富んでいたとしても，タスクの中身が生徒にとって面白くなかったら，つまりタスクが退屈なものであったら，生徒を動機づけることはできない。動機づけの文献では，タスクを面白くする方法の提案が豊富になされている。問題は，実際の授業の中で我々が使用する課題のほとんどは，公的な教育課程や教科書に示されたものであり，教師たちは新しい課題を導入する時間的余裕がないことにある。したがって，動機づけを高めるタスクに関する最もよく引用される特徴を私が列挙するときには，そのいくつかが活用されることによって，公的な課題が修正されることに少しでも貢献することを希望しているのである。

　動機づけを最も高めるタスクの特徴は何か。以下，いくつかの考えを列挙する。
- **挑戦**：人は挑戦を受けることを好む。このことは，クロスワード・パズルやコンピュータ・ゲームがいつも人を魅きつけることから明らかである。リスクを冒すことについても，適度なレベルの場合には同じことが言える。つまり，学習者が問題を解決し，何かを発見し，障害を乗り越え，わなにかからないように注意し，隠された情報を見つけ

るようなタスクは，いつも学習者に歓迎される。

- **内容の面白さ**：タスクの面白さを増すための単純であるが効果的な方法は，話題を学習者がすでに面白いと思っていることや大切にしていることに関連づけることである。例えば，若者文化を象徴する有名なイベントや人々を含めることにより，活動の魅力が増す。日々の決まった日課について学ぶのであれば，有名なポップスターに焦点をあて，その人が何をして何をしないかを想像することによって，より面白い課題になる。
- **目新しさの要素**：活動のある部分が新しかったり異なっていたり，なじみがなかったり全く思いもよらないものであると，退屈さが取り除かれる。

退屈の何がいけないのか？

人は実際には，教材の提示方法に面白みがなく，活動の手順が味気無いものであったとしても，自ら望んだときには驚くほど集中的な努力を重ねる能力を備えている（4.8で取り上げる自己動機づけストラテジーは，このようなときには非常に重宝する）。退屈の真の問題は2つの要素からなる。

- 退屈は，混乱を生む格好の材料となる。そして時には「休憩する」言い訳をせずにはいられなくなってしまう。
- 退屈は，動機づけをさらに継続的に高めることはない。退屈であっても体系的な指導は，短期間で結果を出すことには効果的かもしれないが，学習に対する長期間のひたむきな熱意を誘発することはできない。

- **興味をそそる要素**：多義的であったり，解決が難しかったり，逆説的だったり，議論を呼びそうだったり，矛盾していたりつじつまが合わなかったりする素材を扱ったタスクは，解決する必要のある概念の衝突を引き起こすことにより，好奇心を刺激する。
- **エキゾチックな要素**：我々は皆，ユニークで何かしら壮大な場所や人々について学ぶことを好む。
- **空想の要素**：タスクは，それが学習者の空想を働かせるものであれば本質的に魅力的なものである。子どもも大人も等しく，誰でも想像力を働かせて架空の物語を創造し，架空の登場人物になり，想像上の劇

を演じることを楽しむ。
- **個人的な要素**：実在する人物の日々の暮らしについて学ぶことには，何か本質的に人の興味をひくものがある（なぜかわからないが）。この事実はテレビの連続メロドラマに大いに利用されている。そしてそれらのドラマの一般的に高い視聴率は，この原理が作用していることを示している。同じように，多くの堅苦しい教科書のタスクは，それを個別化すること，つまり内容を学習者自身の生活に関連させることによって，より興味深いものにできる。

> **なるほど…**
> もし我々がクラス内の生徒を，伝統的な教科書に出てくる，かなり不自然な登場人物よりも面白い存在であると想定しているならば，その帰結としては，すでに提示された表現形式を用いて生徒がお互いにしゃべり合い，自分の意見を表現することを奨励されるような活動の必要性が真に存在することになる。この一連の非常に個人的な場面で文構造を練習することは，教科書の空想世界の中で練習するよりもずっと感情的に真実味がある。　　（Frank and Rinvolucri 1991: 6）

- **競争**：競争する機会は，それが賞品を目指したものであっても（キャンディなど），単に勝利の満足感のためであっても，学習タスクに刺激を加えてくれる。小集団による競争の唯一の問題点は，ブロフィ（Brophy 1998）が強調しているように，勝者があれば必ず敗者があり，後者が普通，前者よりも数で上廻る点である。したがって，敗者が結果をあまり深刻にとらえないようにする必要がある。
- **目に見える成果**：成果として何らかの完成品を作ることを学習者に要求するタスク（生徒のニュースレター，ポスター，ラジオ　プログラム，情報冊子，アートワークなど）には，生徒はそれまでにないほどに集中して取り組む。
- **ユーモア**：「ユーモアには多くの種類があるが，面白いユーモアはその1つである。」（Wlodkowski 1986: 161）

4.1 学習を興味をひく楽しいものにする

> **ストラテジー・18**
>
> タスクの魅力を増すことにより，学習を学習者にとって興味深く楽しいものにする。
>
> 〈具体的には〉
> 18-1．タスクを挑戦的なものにする。
> 18-2．タスクの内容を生徒の自然な興味に合わせ，もしくは目新しく，興味深く，エキゾチックで，ユーモラスで，競争的で，空想的な要素を取り入れることにより，より魅力的なものにする。
> 18-3．学習タスクを個別化する。
> 18-4．目に見える完成品を作り出すタスクを選択する。

● 生徒の関与を増やす

　人は，あるタスクで重要な役割を果たしているときには，それを楽しむ。このことは，熱心に参加している人にとっては面白く，そうではない人には退屈なクラス討議の例によってうまく説明することができる。つまり，学習をより興味深く楽しいものにするもう1つの方法は，学習者が積極的に参加することが要求される学習状況を作り出すことである。ときには学習者が参加できる機会を提示してやるだけでなく，直接前に押し出してやる必要があり，具体的な役割を与えて（例えばカードに書いて）個別の課題を与えることは，学習に弾みを与えることになる。

> **ストラテジー・19**
>
> 学習者をタスクへの積極的な参加者となるように求めることにより，学習を興味深く楽しいものにする。
>
> 〈具体的には〉
> 19-1．個々の参加者の知的および（または）身体的な関与を要求す

るタスクを選択する。
19-2．すべての生徒のための具体的な役割と個別の課題を作り出す。

4.2 動機づけを高めるようにタスクを提示する

　学習を興味深く楽しいものにするというのは，口で言うほど簡単なことではない場合もある。例えば，定冠詞の使い方に関する文法規則について，「サスペンスの覚醒値」を利用し，学習者の「知的好奇心」を高め，彼らの「空想」を刺激しながら，（その分野の研究が薦めるように）「大胆に」，「魅惑的に」教えることができた経験が，我々にどれほどあるだろうか。学習のトピックの中には，それを学ぶことが生徒の利益にはなるが，彼らを興味づけるのが困難なものもあるのが現実である。このような場合に，タスクの提示や運営方法に関連する動機づけ手法が，特に役立つようになる。タスクは，提示方法によって生徒の捉え方やアプローチの仕方が大きく異なることは以前からわかっていた。適切な導入をすれば，文法の代入練習でさえも（かなり）面白いものにできるのだ。では，動機づけの観点からみた「適切な」導入とは何か。

　タスクの指示の従来の目的，すなわちタスクの流れやタスクの目標，そして達成度の評価方法を説明することの他に，動機づけを重視する活

> **興味深い研究**
> 　ブロフィ（Brophy 1998: 187-8）は，経験豊かで平均以上の教師が数学とリーディングの授業を行う方法を観察した研究プロジェクトを紹介している。教師のタスク導入の中で，生徒の動機づけにプラスの効果があると研究者が判断した説明は，わずか3分の1しかなかった。これは残念な研究結果であった。さらにこれらの説明でさえも，生徒がタスクを楽しむとかうまくいくという，簡単な予測にすぎないものがほとんどであった。全体として見ると，およそ100時間の授業を観察した中で，学習動機づけに関連する実質的な情報を含むと指摘されたタスクの導入は，わずか9例に過ぎなかった！

動の導入は，少なくともさらに次の3つの機能を満たすものである。
- タスクの目的と有用性を説明する。
- タスクへの期待感を高める。
- タスクを遂行するための適切なストラテジーを与える。

● タスクの目的と有用性を説明する

　経験豊かな教師でも，タスクの目的についてしっかりと説明せずに，生徒がそのタスクを遂行できると期待することがある。生徒は，教師がそう言うからという理由だけで，教室内での様々な作業を行うことを要求されがちである。この意味で，学校は（不幸なことに）軍隊に似ており，動機づけを重視する教師にとって必ずしも理想的なモデルとは言えない。一般社会では普通，人に何かをやってもらうときは，その特定の作業がなぜ有意味か，あるいは重要かについて，納得できる理由を伝えることが要求される。学習タスクの導入がなぜこの型に従わないのか，私には理解できない。もし教師が生徒に，タスクに全力で取り組んでほしければ，生徒に自分たちが行うことに意義を見出させる必要がある。シャイデッカー／フリーマン（Scheidecker and Freeman 1999: 140）は次のように述べている。

　　どの新しい単元も，どの指導場面も，その存在を正当化することから始めるべきである。詳しい情報を与えられた生徒の方が，制度を信頼するように求められるだけで，市民権を奪われた生徒よりも，成功に向けて自発的に努力する可能性が高い。

同じように，タスクを提示するときには以下の点を含むのが効果的であろう。
- そのタスクが，反発を招くだけの押しつけの要求ではなく，価値のある学習機会であることを強調する。

- その活動が，一連の活動もしくはより大きな枠組みの中のどの部分に位置するのか，そして授業の全体目標にどのように関連するのかを説明する。
- その活動の意図する目的と，その目的に合った取り組み方を説明する。（集中すべき点や，とりわけ注意すべき点など）
- タスクと学習者の個人的な日常生活を結びつけるようにする。そして学習されるスキルが，現実生活における課題を達成するのにどう役立つかを指摘する。

● 生徒の興味を引き出す

優れたタスク導入は，何か面白いことや大切なことが始まるという，生徒の期待感を高める。例えば，次のようなことができる。
- 活動を紹介するときに，強烈さと熱意を印象づける。そして，生徒が成功できるという教師の期待を伝える。
- 次に行う活動について，生徒に推測や予測をさせる。（何が盛り込まれているか；リスニングの題材の長さなど）
- 学習されるべき L2 の内容の難しい，もしくは大切な側面を指摘する。
- お決まりの活動に工夫を加える。（文法ドリルを早口で，もしくはささやきながらやることを求めるなど）

● タスクを遂行するための適切なストラテジーを与える

優れたタスク導入の最後の特徴は，タスクをうまく完結させるために生徒が利用すべきストラテジーについて扱う。過去に私がしばしば経験したことであるが，自分が非常に創造的なコミュニケーション活動だと思うものを提示したときに，私の指示に十分注意を払っておらず，要求されることを理解しなかった生徒もいたし，タスクの完結方法がよくわからない生徒もいた。これは，ある意味では理解できることである。授

業の準備をするときに、私はタスクの流れをイメージすることと、生徒の動きを予想することに割合多くの時間をかけた。一方、生徒は、私が事前に考えたすべてのことを、タスクの指示の後で即座に行うことを求められるのである。したがって、少し長めにタスクを実演したり、タスクを完成させるのに役立ついくつかのストラテジーを説明することは、たいてい効果がある。そうすることによって、起こり得る混乱や根強い不安感を和らげるからである。私はまた、非常に実用的な経験的法則を自分自身で見いだした。それは、タスクを指示する際には、指示の直後に生徒が何をする必要があるのかを、具体的にまた詳細に説明すべきである、ということである。

> **全くそのとおり！**
> 難しいタスクでは初めは学習者と共にタスクに取り組むべきだ。ほんの少しの助けでも、学習者にとっては驚くほど大きな支えとなる。学習者は時折、一時的な混乱に陥ったり、次に何をしたらいいかわからなくなったりしてしまうかもしれない。我々が近くにいて、ちょっとした支援をするだけで、学習者は正しい方向を見つけ、やる気を維持し、学習を進める初期の自信を得ることができるのだ。
> (Raymond Wlodkowski 1986: 92)

　必要なストラテジーとスキルを例示する最もよい方法は、見本を示す（model）ことである。私自身の1つの経験的法則は、「説明するな。例を示せ！」である。これは例えば、教師自身が生徒役となって、様々な役割を演じることによって可能になる。もしくは何人かの生徒に、ボランティアとして教師の説明に従って演じてくれるように頼むこともできる。もう1つの、あまり利用されていない方法は、「思考表出法」（think aloud technique）である。この手法は、問題に着手して対処するために講じられる様々な方策や、複雑な課題への取り組みをいかにしてより細かいステップに分けることができるかを、声に出して言う方法である。課題への取り組みの中で利用できる、すでに学んだ知識やスキルを、生徒に思い出させるのもまた有効である。より大きな課題を出す前に、そのプロジェクトを成し遂げるためのストラテジーの一覧をクラ

ス全体で思いつくまま出し合うこともできる。

> **ストラテジー・20**
> 動機づけを高める方法でタスクを提示し，実施する。
> 〈具体的には〉
> 20-1．タスクの目的と有用性を説明する。
> 20-2．タスクの内容についての生徒の興味を引き出す。
> 20-3．タスクを遂行するための適切なストラテジーを提供する。

4.3　具体的な学習者目標を設定する

　目標については第3章3.3ですでに取り上げたが，そこでは学習者の，またさらに重要なことには学級集団の，一般的な目標志向のレベルに焦点が置かれていた。しかし，目標には考察すべき点がさらに多くある。ここでは，具体的な短期目標が，学習者にとって学習過程を組み立てるのにどう役立つかを扱う。これは，最低限の実用的な知識を習得するのにも数年間を要するL2のような科目を学ぶときには，特に重要になる。学習過程の最終的な目的（L2使用者とコミュニケーションを行い，L2の書物を理解する）だけで，初期の動機づけの勢いを最後まで十分維持できると期待するのはとても無理なことである。このような状況では，具体的な短期の目標（心理学の文献では，しばしば「最接近下位目標」と呼ばれる）を示すことが，さらなるやる気を即座に起こさせることになるだろう。

　同時に，目標は目指すべき結果であるばかりでなく，生徒が自分自身の行為を評価し，進歩を示す基準でもある。水泳やピアノなどの多くの分野で資格試験や資格証明書（例えばレベル6とか8級など）があるのはこのためである。L2学習の場面での自然な下位目標は，間近に迫ったテストや受験，コンテストなどである。しかし，目標設定をこのよう

な「公式」行事に限定しなくても，毎週末に本を1章ずつ読むとか，毎日単語を10個覚えるなどの個人的な目標も，同様に学習を活気づけることになる。

> **なるほど…**
> 目標は成功に欠かせないものだが，通常は学校の学習よりもスポーツや職場環境で顕著である。
> (Kay Alderman 1999: ix)

目標設定は生産性を劇的に増加させるので，職業心理学者（work psychologist）がその概念に特に関心を示したことは，容易に理解できるであろう。実際，目標設定過程を詳細に説明し，整合性のある理論に形式化したのは，2人の組織心理学者（organizational psychologist），エドウィン・ロック／ゲイリー・レーサム（Edwin Locke and Gary Latham 1990）であった（第1章1.1も参照）。その理論は，多くの組織的な場面で従業員の動機づけと作業を向上させるために幅広く用いられている。そして，その理論は，教育の場面でも同じように当てはまることが判明してきている。とは言うものの，この強力なストラテジーが，言語教育においては概して十分に活用されてこなかったという印象を受ける。オックスフォード／シーリン（Rebecca Oxford and Jill Shearin 1994: 19）の次の観察はこの見解を裏付ける。すなわち，目標設定はL2学習の動機づけを活性化するためにきわめて重要である。それ故，L2教室において目標設定に費やされる時間と労力があまりにも少ないことは衝撃である。

目標設定がL2教育において十分に活用されていないことは，それが基本的には比較的容易に学習され得る単純な計画立案過程であるだけに，一層の驚きである。要点は，タスクや宿題を細かい段階に分ける方法，これらの段階に期限を設ける方法，そして進歩を自分自身でモニターする方法を生徒に示すことにある。マコームズ／ポープ（McCombs and Pope 1994: 68）は，以下の7つのステップからなる，わかりやすい枠組みを生徒のために提案した。

1．目標を明確に定める。

2．目標に到達するためにたどる段階を一覧表にする。
3．学習中に生じうる問題点を考える。
4．これらの問題点に対する解決策を考える。
5．目標に到達する期限を設定する。
6．進歩を評価する。
7．達成したことに対して，自分自身に報酬を与える。

ジョーンズ／ジョーンズ（Vernon F. Jones and Louise S. Jones 1995）は，評価の段階（第6段階）では進歩を定期的にグラフに表すことを生徒に指導することも一案だと指摘する。

最も効果的な目標とはどのような性質のものだろうか。ピントリッチ／シュンク（Paul R. Pintrich and Dale H. Schunk 1996）とデンボ／イートン（Myron H. Dembo and Martin J. Eaton 1997）の研究に基づき，私は以下の原則を編みだした。

1．目標は以下のことを備えているべきである：
　・明確で具体的であること。可能な限り詳細に具体的な結果を説明

興味深い研究…

目標設定の力に注目する最も影響力のある研究の1つに，アルバート・バンデゥーラ／デイル・シュンク（Albert Bandura & Dale Schunk 1981）がある。3つの生徒集団が数学の自己学習プログラムに参加し，その中で被験者は一連の引き算の教材を順番に進めていくことを求められた。3つのグループは異なる目標を与えられた。

- 最初のグループは，「せっせと」作業するという，あいまいで一般的な目標を与えられた。
- 2番目のグループは，最後の活動の終わりまでにすべての教材を終わらせるという，長期目標を与えられた。
- 3番目のグループは，毎回の活動で1つの教材を完了するという，具体的な短期目標を追い求めた。

研究者たちは，3つのグループ間で進行速度に有意差が出ることを予測したが，結果は彼らをも驚かせた。4回の授業の終わりまでに学習し終えた教育教材の割合は，具体的で短期的な目標を設定したグループが74％，長期目標の集団で55％，そしてあいまいで一般的な目標しか与えられない集団では53％であったのだ。

する。
- 測定可能であること。明確に評価できることばで結果を説明する。
- 挑戦的で難しいこと。しかし生徒の能力の範囲内であること。
- 現実的であること。
2．目標には定められた「達成日」があるべきである。
3．短期と長期の両方の目標が設定されるべきである。
4．教師は，生徒が目標を達成する能力と自信を増すようなフィードバックを与えるべきである。

マコームズ／ポープ（McCombs and Pope 1994: 69）は，考案した「目標の ABCD」を生徒に教えることを勧める。目標は以下の特徴を備えているべきである。
- 達成可能である（Achievable：自分の年齢と実力に適切である）
- 信じることができる（Believable：目標を実現できると信じる必要がある）
- 想像しうる（Conceivable：明確に提示できて測定可能である）
- 望む価値がある（Desirable：本当に手に入れたいと思い，他者もそれを望んでいる）

アリソン（Alison 1993）は，目標設定の手法は，動機づけが低くてやる気がなく，言語学習に関連した一般的な目標を何も持たない生徒（例えば，L2 話者とやりとりをしたいとは特に思っていないし，L2 を将来役立てる道筋を何も見出していないような生徒）にも，効果的に用いることができると強調する。目標設定は，教師が課題を学習者の視点から見つめ，学習者の視点で妥当な当面の目的を作り出すことを可能にする。この目標は，例えば，問題に立ち向かう，教師を打ち負かす，記録を破る，ゲームに勝つ，もしくは他者が使ったり見たりすることのできるような具体的な何かを作る，などでもいい。

目標設定という考え方に賛同し，それを授業に導入しようとする時には，生徒に毎週もしくは毎月の目標を設定することを奨励するなど，定期的な目標設定を行うことを勧める。定期的に各々の生徒と目標設定に

ついての話し合いを持つのは，非常に時間のかかることではあるが，目標設定の過程に確固とした骨組みを与えてくれる。あるいは時々，一連の可能な目標を列挙し，生徒一人一人にその中の特定の目標に積極的に取り組むように求めることもできるし，さらに彼らが傾注できる努力の水準を明確にすることもできる。もし生徒が目標設定日誌（goalsetting logbook）を持ち，設定する計画の詳細を記録するならば，その過程はより「公式な」ものとなる。この目標設定日誌の例を表6に示しておく。

表6　週間目標設定日誌

1．今週の具体的な目標：
2．目標を達成するためにとる行動または方法：
3．自分が目標を達成できたかどうかを知る方法：
4．目標の達成を妨げる危険性のある困難点と，それを克服する方法：
（Alderman 1999: 95 に基づく）

ストラテジー・21

教室で目標設定の手法を用いる。

〈具体的には〉

21-1．学習者が自分で具体的で短期の目標を選択することを奨励する。

21-2．目標達成の締め切りを重視し，継続的にフィードバックを与える。

● 学習契約

目標設定理論に起因する動機づけの1つの手法に「契約学習」がある。そこでは正式な取り決め――しばしば「学習契約」や「学習計画」と呼ばれる――が教師と生徒の間で話し合われ，合意される。このような契約は細かな部分については変更できる。また，より大きな目標に至る一連の下位目標と，それに伴う努力水準を説明する他に，教授法の明細，授業の様々な構成要素（例えばテスト，ゲーム，プロジェクト）の日程計画，そして報酬，評点，もしくはその他の結果も契約には含まれる。例えばプロジェクトの最初から最後まで，学期内，もしくは教育課程や教科書の特定の項を完了した後で何をすべきかなどについての合意を列挙することができる。この手法は時間がかかるが，目標設定についての教師と生徒の活発な話し合いを確実なものとし，生徒の目標に向けた情熱を形あるものにする（Brophy 1998）。個人的には，私は生徒に対して学習契約を利用したことはないが，繰り返し利用した親しい友人は，それが非常に効果的だと言っていた。契約は個々の生徒に限定されるものではない。教師はクラス全体と契約を結ぶことができるかもしれない。その場合，契約は特定の結果がより重視されてはいるが，様式化された一連の「教室の決まり」に類似したものとなる（54ページの表5を参照）。

ストラテジー・22

生徒の目標に向けた情熱を形式化するために，生徒との契約手法を用いる。

〈具体的には〉

22-1．生徒が学ぶ内容と方法，そして教師が生徒を助け報酬を与える方法を具体的に示した詳細な契約書を，個々の生徒もしくは集団全体と共に作成する。

22-2．生徒の進歩をモニターし，契約の詳細が間違いなく双方から観察されるようにする。

4.4 学習者の自尊感情を守り自信を強める

　本節では，動機づけを高める指導実践の非常に重要な側面であるのに，教室でしばしば無視され軽視される問題を扱う。以下のページの主要なメッセージは2つの単語で要約できる。すなわち，'Build confidence!'（自信をつけよ！）ということである。しかしながら，この単純なメッセージが実際に意味するかもしれないことを詳説し始めたら，資料がほとんど止められぬ勢いで増えはじめた。その結果，本書で最も長い節になってしまった。これは一部には，「自信」の概念が，「自尊感情」，「自己効力感」，または「不安」などの，それについて書くだけで1冊の本になるような，それぞれ複雑な概念と密接に関連しているという事実による。生徒が活力と決意を持って学習に集中できるためには，健康的な自尊心を備え，学習者としての自己を信じる必要があるということが，これらすべての問題を教室の動機づけに結びつける理論的根拠となる。自尊感情と自信は，建物の土台のようなものである。もしそれらが安定していなければ，最も優れた科学技術をもってしても，その上に十分に頑丈な壁を構築することはできない。教師が考え得る最も創造的な動機づけを用いていても，もし生徒が自分自身の能力に根本的な疑問を抱いていれば，彼らは学習者として「花開く」ことはできないであろう。

　'self-'（自己）に関わる問題（self-esteem（自尊感情），self-confidence

もし人が自信を失っていたら…

　特定領域で自己効力感が低い人々は，難しい課題を個人に対する脅威だと知覚する。彼らは，課題を成功させることに集中するのではなく，彼ら個人の欠陥や遭遇する障害についてくよくよと悩む。結果として，自身の能力が容易に信じられなくなり，あきらめてしまう可能性が高い。それにひきかえ，強い自己効力感は身を脅かす状況に自信をもって接近し，課題に取り組んでいるときに，自己の診断ではなく課題の診断に焦点を置き，失敗に直面したときに努力を強め持続するのを手助けすることにより，人の達成を目指した行動を強化する。

(自信), self-efficacy（自己効力感）, self-worth（自己価値）など）は, 初等・中等学校での学習においてとりわけ難しい領域である。なぜなら学習者は成長期にあり, たいてい彼らの自己像は絶え間ない変化のまっただ中にあるからである。そして, 自分自身についての疑念と懸念の方が, 自信や誇りよりも頻繁にいだく感情であるからである。もちろんそうした若者を見たときに, その自信に満ちて落ち着いた外観の背後に, 不安定な足場があることがわからないことも多いだろう。しかし, これが多くの10代の若者の現状である。チアリーダーでさえも, しばしばアイデンティティの危機に直面するのだ…。

> **なるほど…**
>
> 10代の若者は, 世界で最も精神的に不安定な人々であり, 彼らの生活は山積する様々なプレッシャーに傷つきやすい。例えば, デートについてのプレッシャー, 麻薬についてのプレッシャー, 非行集団についてのプレッシャー, 親についてのプレッシャー, 衣服についてのプレッシャー, 性的衝動についてのプレッシャー, 人種についてのプレッシャー, 成績についてのプレッシャーなどである。
> (David Scheidecker and William Freeman 1999: 122)

さて, 新しく大人としてのアイデンティティを確立し, 自分の人生で何をすべきか苦心して考え出し, 自己の性欲をためらいながら探検するというあらゆる混乱のまっただ中に, 言語教師がやって来て, こうした若い人々によくわからないことばで子どものように片言で話し始めることを求めるのだ。自意識が強く, 面目を保つのにすでに多くの時間を費やしている10代の若者にとっては, それは最もやりたくないことであろう。外国語は, 単純な文でさえもひどい誤りを犯す危険なしに言うことができない唯一の教科であることを, 忘れないようにしたい。生徒が参加することを過度に大きな危険だと思いこみ, それ故にすぐに身を引いてしまうことを, 教師は本当に責めることができるであろうか。

> **面目を保つために学習者がすること**
>
> 　コビントンの自己価値理論（self-worth theory）によれば（Covington 1992），自己価値観（a sense of personal value and worth）を保持することは，とりわけ競争や失敗，そして否定的なフィードバック（教室で非常に多い）に直面したときには，基本となる人のニーズである。この基本的ニーズは，学校の場面に特有の多くの面子を守る行動型を作り出す。このような状況では，生徒は挑戦しない，つまり故意に努力を差し控えることによって，実際に利益を得る場合もある。この代表的な例として，テストの準備に十分な時間を割かないときのことが挙げられる。こうすることで，学習者は失敗したときに，周到な努力をしなかったことをよくない結果を緩和する言い訳として用い，能力の欠如を認めざるを得ず，そのために自己概念を深く傷つけてしまわないようにする。
>
> 　コビントン／ティール（Covington and Teel 1996: 27-8）は，他の頻繁に使用される失敗回避ストラテジー（failure-avoiding strategies）を数多く列挙する：
>
> - 行動しない：失敗や，それによって能力の低いことが暗示されるのを回避するもっとも明白な方法は，単に参加しないことである。
> - 引き受けすぎる：生徒があまりにたくさんの仕事を引き受けすぎて，どのプロジェクトにも十分な時間を割くことができない。
> - 不可能なほど高い目標を設定する：願望を非常に高く――成功がほとんど不可能なほど高く――設定することによって，生徒は自分が無能だと思われることを避けることができる。なぜならば，自分以外の誰でも失敗しそうだからである。
> - 学習上の「支え」：ここでは，個人は無能であるというより大きな強力な「弱点」を認めるのを避けるために，自分の小さな弱点は認める――英語ではよく使われる「支え」（wooden-leg）である――。１つの例として，失敗したテストの成績をテストへの不安のせいにすることが挙げられる。

4.4 学習者の自尊感情を守り自信を強める

　上記の概要は，自尊感情と自信の問題が，とりわけまだ成人に至っていない学習者にとって，いかに重要で，しかし同時にいかに扱いにくいかを例示している。逆によい知らせもある。それは教師は生徒の自己像を前向きな方向に変化させることができるということである。そして，

> **なるほど…**
> 　自己概念は筋肉と同じような感じで成長する。ゆっくり，そして頻繁に，最初は気づかないうちに。
> (Jack Canfield and Harold Clive Wells 1994: 4)

生徒たちは目的やアイデンティティを探求しながら，もし言語教室が彼らの自己価値が保護されて自信を得ることができる安全な場所であると認識すれば，きわめて積極的な態度で反応するであろう。

　我々は，学習者に必要な自信を育む経験をどうしたら提供できるだろうか。直接的あるいは間接的な方法がいくつもある。以下の4つの主要なストラテジーの形式が，とりわけ有益であろう。

・成功経験を与える。
・学習者を励ます。
・言語不安を軽減する。
・学習者のストラテジーを指導する。

● 成功経験を与える

　定期的に成功経験を得させることが，人の自信を育む上で最善の方策である。「成功が成功を産む」というのは，当たり前のことであるが，しかし疑いもなく事実である。このことは，生徒が肯定的な特長を示し，抜きんでる機会を多く作り出すことが，とりわけ重要な動機づけストラテジーであることを示唆している。したがって，新しい単元や問題の学習を，皆がうまくできそうな活動から始めることには価値があり，それに続くもっと難しい活動は，処理しやすい活動とつり合いを取って行うべきである。同じように，単元のまとめの活動は生徒が必ず完成できる

ようなものがいいかもしれない。

　易しすぎる課題がその目的を損なってしまうことは明らかであろう。生徒はそれらの課題に取り組むことで大きな達成感は得られないことにはっきりと気づくだろう。達成感に付随して生じる誇りが個人的な価値や自信の感覚の一因となるくらい十分な力を持つのは，生徒が成功のために努力を払うときに限られる（Covington and Teel 1996）。「かろうじて実現可能な範囲」というのは，難易度を設定する目安として優れている（Wlodkowski 1986: 96）。

　言語テストについてはどうだろうか。結局，生徒からその力をもっとも奪うのはテストの低い点数である。これはたしかに容易な問題ではない。もし，テスト項目が学習者にとって真の挑戦とならなければ，テストを実施することはその意義を失ってしまう。しかしながら，学習者が理解していない領域を検知しようとするテストと，学習者がL2を使ってできることを強調するように作成されたテストとの間には大きな違いがある。また，もし失敗することがあったら，その失敗は極秘でかつ前向きな方法で扱われなければならない。その際には，失敗から何が学べるか，それを今後どのように避けることができるかに焦点を当てるべきである。教師はまた，自分の能力を十分に発揮しなかったと考えている学習者のために，様々な改善のための選択肢を提供できる（評価と成績の動機づけ減少効果を軽減する方法については，第3章3.4を参照のこと）。

> なるほど…
> 　自尊感情というとらえどころのない概念は，本当は「成功」を意味する。真の自尊感情は，成功を通してのみ構築される。
> （David Scheidecker and William Freeman 1999: 129）

ストラテジー・23

学習者に定期的な成功経験を与える。
　〈具体的には〉
23-1．言語教室で，多様な成功の機会を与える。

> **23-2.** 課題の難易度を生徒の能力に合わせ，要求の厳しい課題と処理しやすい課題のつり合いを取る。
> **23-3.** 学習者ができないことではなく，できることに焦点を当てたテストを作成する。そして，改善のための方法も盛り込む。

● 学習者を励ます

　自尊感情や自信は社会的生産物である。これは，自尊感情や自信が我々の周囲にいる人々によって産み出され，かたち作られるということを意味する。小さい子どもの頃から，我々のアイデンティティの大部分は与えられるフィードバックによって発達する。したがって，例えば教師のような重要な人物は，我々の自己像を強化する（または減退させる）のに重要な役割を果たす。この問題は，一般的な「動機づけフィードバック」の問題を扱う第5章5.2でさらに議論する。ここでは，フィードバックの1つの形態である「励まし」（encouragement）にのみ焦点を当てる。

　「励まし」は，人がある目標を達成する能力があるという信念の，肯定的で説得力のある表現である。それは学習者に，個人の強さや能力にはっきり気づかせることができる。もしくはそれによって，我々がその人を信頼していることを間接的に伝達することができる。実際，ちょっとした個人的な励ましの言葉が時折，効果を発揮することがある。皆がいつも通りの励ましでうまくやっていける一方で，他の人よりもより多くの励ましを必要とする生徒がいることに，教師は気づくだろう。彼らを信頼しているというメッセージは，彼らに対して強力な効果を発揮し，その結果，困難にめげずに，彼らは自分ができることを示そうとし続けることになる。

第4章　動機づけを維持し保護する

> **ストラテジー・24**
> 定期的に励ましを与えることにより，学習者の自信を育む。
> 〈具体的には〉
> 24-1．学習者の注意を，彼らの長所と能力に向けさせる。
> 24-2．教師が，生徒の学ぶ努力や課題を完結する能力を信じていることを，生徒に知らせる。

● 言語不安を軽減する

　すでに議論したように，言語教室は本質的に面子を脅かす環境であり，学習者は厳しく制約された言語記号を用いてコミュニケーションをすることを期待される。その結果，学習者のスピーチや伝達内容に多く見られる様々な種類の言葉の誤りは，しばしば彼らの知的成熟度をはるかに下回っている。これは，評価システムに関連する一般的な懸念や，ほとんどすべての教師・生徒の相互作用が仲間に見られていることに起因する心配によって，さらに増大する。したがって，言語不安が動機づけと達成感を減じる最重要な要因として，文献で繰り返し言及されているのは非常によく理解できることである（MacIntyre 1999）。

　我々は，どうしたら言語教室を不安のない場所に変えることができるのだろうか。その答えは比較的簡単である。つまり，不安や恐れにつながる要因を減らして取り除くのだ。担当するクラスが，基礎的な動機づけ環境の1つとしてすでに述べられているように，温かく支持的な風土を備えていれば（第2章2.2を参照のこと），すでに解決は中間点まで来ている。以下，考慮すべきいくつ

> **なるほど…**
> 　自尊感情は，他者からの信頼によって成長する。教師が生徒を信じていると，生徒は自分自身を信じるようになる。あなたの尊敬する人物があなたはできると思うと，あなた自身が自分はできると思うようになる。
>
> （James Raffini 1993: 147）

かのさらなる課題を列挙する。

●**社会的比較**：ダモクレスの剣（訳注：いつ起こるかも知れぬ危険）のように頭から離れない、社会的比較（social comparison）による絶え間ない脅威ほど、人の自尊心に害をもたらすものは他にほとんど見当たらない。この社会的比較は、学習がうまくいった者とそうでない者との比較を過度に強調することを含み、この比較は教室で多様な方法でなされる。その中には、目立たない形で行われるものもそうでないものもある。例えば、評点の発表（時として最も高い点数と低い点数のみ）、選ばれたレポートや作品の展示、生徒の達成度と能力別クラス編成を詳述した図表の掲示などである。「君は少しだけ他の人より遅れている」とか「君はほとんどの人よりもよくやった」という類の、一見無害なフィードバックでさえも、社会的比較に注意を引きつけ、すべてが他者の（想像上の）目を通して批評的に観察されるという特定のものの見方を、生徒内に作り上げてしまう。

> **困ったことに…**
> 　子どもたちはたいてい情熱に燃えて学校生活を始める。しかし、その多くは、学校が不安を引き起こし心理的に脅威を与える場所であることを感じ始める。彼らは、教師の問いに答え、課題を終えて、テストを受ける責任がある。彼らの行動は監視され、評価され、親に報告される。このような説明責任のプレッシャーは、プライバシーが守られ、一貫して成功できる状況では耐えることができる。しかし、それらのプレッシャーは、失敗が公の場での屈辱の危険を伴うような教室では脅威となる。
> 　　　　　　（Jere Brophy 1998: 82）

●**競争**：競争的な教室とは、生徒が自分の級友を追い越そうとしてお互いに反発しながら学ぶような教室のことである。これは、報酬の不足（例えば、上位10％だけが最高評定を得ることができる）や、指導者の教育方法によって促進されることもある。いずれにしても、これは適者生存であり、1人の勝者に対し1人（もしくはそれ以上）の敗者がいるのである。教室に少しだけ「健康的な」競争を取り入れることは、多

第4章　動機づけを維持し保護する

くの生徒の長所を引き出すという主張によってしばしば正当化される。しかしほとんどの動機づけ研究者（Ames 1992, Covington 1992）は，これは根拠のない俗説であると主張するだろう。ほんのわずかの競争でさえも，「健康的な」ものは何もない。「生徒が失敗感を避けることに忙しかったり，他者を失敗させようと試みたりするときは，学習に真剣に取り組む余地はほとんどない」（Covington and Teel 1996: 108）。したがって，気軽なゲームのような活動でない限り，教師が生徒間の競争をあおったりせず，「協調」を促進することが一般的には推奨される（第4章4.6を参照）。

> なるほど…
> 世界は本来競争的なものだ，という議論の大前提を受け入れる理由はほとんどない。それとは全く正反対で，我々の社会の物事を可能にする基本的な特質は，協調であって競争ではない。
> （Martin Covington and Karen Manheim Teel 1996: 108）

●**間違い**：不安の3番目の主要な原因は，誤りを犯すことへの恐れである。言語教室にはこの恐れを非常に強く感じる生徒がおり，彼らは実際，思い切って文法的な誤りを犯すよりも沈黙を続けようとする。言語教師は，すべての間違いを訂正するのが癖になりやすいものである。結局，どうしても教師はこれらの間違いを，「欠陥のある言葉」を表出したということで注目してしまいがちである。さらに，生徒も，たいてい自分の間違いを訂正してほしいと期待している。誤り訂正の複雑な問題について，詳細な部分に立ち入ることはせずにこう述べたい。すなわち，現代の教授法は概して，生徒のコミュニケーションを抑圧しないために間違いを選択的に訂正することを勧めており，動機づけの観点からすると，間違いは弾圧されるべきものではなく，学習に自然に付随するものとしてむしろ受け入れられるべきものである。教師はこの受容の手本を，教師自身の言語の誤りに対応することによって示すことができる（とりわけ母語話者でない教師は）。このことから次の結論が派生する。「間違い

はしてもよい。なぜなら間違いなしには何も学習できないのだ！」そして「間違いから学べることはたくさんある！」

●**テストと評価**：評価されることは否応なく不安を誘発するが，採点基準をはっきりと明示するなど，テストについて事前に十分な注意と情報を与えることによって，被害を抑えることができる。テストを実施する時に，生徒は最も遅い者も安心して解答を終えることができるくらい，十分な時間を与えられるべきである。生徒中心の教育に関する文献において，しばしば強調されるテストの側面がもう2つある。1つは，起こり得る失敗を和らげるために，十分に実力を発揮できなかった生徒は最終的な評点を上げるためのいくつもの選択肢を与えられるべきである。もう1つは，最終的な評点は，教師と生徒の双方向の交渉の産物であり（生徒は個人面接で意見表明するように勧められるべきでもある），なるべくなら，生徒の自己評価も加えるべきである（第5章5.4も参照のこと）。

> **間違いについて…**
> 　我々は，ほとんどすべての学校教育を通して，間違いは「悪い」と条件づけられてきた。誤りは，完全な失敗ではないにせよ，ある程度，目標に及ばないことを意味するようになってきた。完璧とは誤りがないことだと考えられている。1950〜60年代のいくつかの外国語教授法は，不幸なことに，誤りの回避が称賛され追及されるべきだと考えた。…調査研究はその正反対のことが真実であることを示してきた。ボールをネットにひっかけることなしに，テニスを習うことができないのと同じで，間違いをせずに言語を学ぶことはできない。
> 　　　　　(H. Douglas Brown 1989: 55)

ストラテジー・25

学習環境において不安を誘発する要素を取り除き，あるいは緩和することによって，言語不安を軽減することを支援する。
〈具体的には〉

> 25-1. 目立たない方法であっても社会的比較は避ける。
> 25-2. 競争ではなく協調を促進する。
> 25-3. 学習過程の一部として間違いをするという事実を学習者が受容するのを支援する。
> 25-4. テストや評価を完全に「透明な」ものにし，生徒との交渉も最終的な評点に加える。

● **学習者のストラテジーを指導する**

　教材に対処できる能力についての自信は，課題の一般的な難易度や学習者が認識した能力だけでなく，利用できる支援の量にもよる。この点で最も重要なのは，学習者が様々な課題に対処する手助けをするために，教師が彼らに提示できる多様なストラテジーの役割である。生徒は不安を感じたときに，これらのストラテジーにすがることができ，それをうまく適用することによって，学習の有効性が大いに高まる。

　学習者が適用できるストラテジーには「学習ストラテジー」(learning strategy) が含まれる。これは，学習をより効果的にする一連の具体的な学習手法を述べたものである。例えば，語彙を暗記する様々な方法や，学んだ内容を整理し，練習し，他に応用させる方法などが挙げられる（表7を参照）。学習ストラテジーの訓練に関する広範に及ぶ文献をここで概観することはできない（2つの入手しやすい概論として Oxford 1990 と Cohen 1998 を参照のこと）。しかし，学習者が最もよく学べる方法を自分で発見するのを教師が手助けすることができる。このことを，示唆する証拠がある。

　同じように，限られた L2 能力が原因で起こる，コミュニケーション上の困難を克服するための，コミュニケーション・ストラテジーを学習者に指導するのもよい（概観は，Cohen 1998, Dörnyei and Scott 1997 を参照。例として表8を参照のこと）。思い出せない単語を他の語で言い換えたり，つなぎ表現（filling expression）を使用したりすることによって

考える時間を稼ぐ（政治家がするように）方法のような，実用的な手法を学習者に指導することによって，学習者がL2のタスクに参加する自信がかなり増すものである。

表7　学習ストラテジーの例

・言語教材を意味のある単位に分類する。
・新言語情報を既に記憶している概念に関連づける。
・新出語句を，文の中に入れて覚える。
・単語カードを用いて新出語彙を学習する。
・意味のある視覚イメージを用いて新出単語を暗記する。
・新しい表現を細かく分けることによってその意味を決める。
・新たに学習したことの要約を頭の中で考えるか，もしくは書き出す。
・新たに学習したことを整理し，分類し，標識をつける。
・新情報を以前の情報に関連させる。
・目標言語のインプットの特定の側面に注意を向けることを，前もって決定する。
・学習タスクの主要な困難点を明確に特定する。
・新しく学んだ言語材料を定期的に復習する。
・ノートをとるか，情報にマーカーで印をつける。
・目標言語における自己の進歩を定期的に評価する。
・練習の機会を求めたり作ったりする。
・他者の助けを求める。
・意味を明確にするために質問する。
・仲間と一緒に新しい項目を練習する。
　　　（O'Malley and Chamot 1990 と Oxford 1990 に一部基づいている）

表8　よく使われるコミュニケーション・ストラテジー

■回避，もしくは縮小ストラテジー
・通信放棄：言語的に難しいことがあるためメッセージを不完全なままにしておく。
・話題回避：言語的に難しくなりそうな話題領域や概念を回避する。
・通信置換：本来伝えたいメッセージをきちんと伝えられないと感じ，新しいものに置き換える。

■ 達成，もしくは補償ストラテジー
- 遠まわし表現：思い出せない単語を説明したり例を示したりする（例：'corkscrew'（コルク栓抜き）を 'the thing you open bottles with'（瓶を開けるもの）と表現する）
- 近似表現：思い出せない語句とできる限り似た意味を表す語句を用いる（例：'sailing boat'（ヨット）を 'ship'（船）と表現する）。
- 多目的語使用：特定の語が見つからないような文脈に，一般的な「空の」(empty) 語彙項目を拡大適用する（例えば，'thing', 'stuff', 'make', 'do' などの語や，'thingie', 'what-do-you-call-it', 'what's-his-name' のような語句を用いる。
- 新造語：仮想の規則に基づいて，実在しないL2の語を作り出す（例えば，vegetarianの代わりにvegetarianistという語を用いる）。
- 非言語的手段の使用：動作，身振り，表情，音の模倣など。
- 直訳：語彙項目，イディオム，複合語，もしくは構造をL1からL2へ逐語的に訳す。
- 外国語化：L1の語を，音韻論的（phonologically）にL2に適応して用いる（つまり，L2のような発音を用いる）。あるいは，また，形態的（morphologically）にもL2に適応して用いる（例：L1の語にL2の接尾辞を加える）。
- コード切り替え：L2でのスピーチに，L1の発音を用いたL1の語を，もしくはL3の発音を用いたL3の語を挟む。

■ 引き延ばし，または時間かせぎストラテジー
- つなぎ言葉や他のためらいの表現を用いる：充てん語句（filling words）や切り出しの言葉（gambits）を，ポーズを埋めたり考える時間をかせいだりするために用いる（例えば，'well', 'now let me see', 'as a matter of fact' など）。
- 繰り返し：語句が口に出されたら（話し手と会話の相手のどちらによるものでも），即座に繰り返す。

■ 相互作用的ストラテジー
- 援助要請：会話の相手に直接的（What do you call...? などと言って），間接的（上昇調，ポーズ，視線を合わせること，困惑した表情など）に援助を求める。

- 反復要請：何かをよく聞き取れず，理解できないときに，繰り返しを要請する（'Sorry?', 'Pardon?' など）。
- 明確化要請：なじみのない意味構造の説明を要請する（'What do you mean?', 'The what?' など）。
- 確認要請：何かを正しく聞き取れたか，または理解できたかの確認を要請する（'You mean?', 'Do you mean?' など）。
- 理解していないことを表明する：言語的にでも非言語的にでも，何かをよく理解できなかったことを表明する（'Sorry, I don't understand', 'I think I've lost the thread?' など）。
- 解釈的な要約：話し手が正確に理解していることを確認するために，対話者のメッセージを広範にわたって言い換える（'So what you are saying is...', 'Let me get this right; you are saying that?' など）。

ストラテジー・26

学習者に多様な学習ストラテジーを教えることにより，自己の学習能力に対する自信を構築する。

〈具体的には〉

26-1．新教材の摂取（intake）を促進する学習ストラテジーを生徒に教える。

26-2．コミュニケーション上の困難を克服するのを手助けする，コミュニケーション・ストラテジーを生徒に教える。

4.5 学習者に肯定的な社会的心象を持たせる

ほとんどの生徒にとって，生活の中で主要な社会的な活動の場は学校であり，彼らの最も重要な準拠集団は仲間である。つまり，学校は単に教育の場というだけではなく（我々教師の多くはそう信じたいかもしれないが），すべての教育的な決定や出来事が学習者の社会生活に影響力

第 4 章　動機づけを維持し保護する

を持つ状況なのである。
- 学業成績の影響は，知的発達だけに限定されず，学習者の一般的な自己の価値やクラス内での社会的地位にも影響を及ぼす。
- 教科で失敗すると，個人的に失望するだけでなく人前で恥ずかしい思いをすることになる。

したがって，肯定的な社会的心象を作り出して保持しようとする生徒の努力には——それは最も基本的な人間のニーズであるが——純粋に学習の観点からは，不合理で奇妙な行為に見えるかもしれないものが必然的に含まれる（第 4 章 4.4 の初めに説明した失敗回避ストラテジーや面子を保つストラテジーのような）。

以上のことから言えるのは，学習者が学習課題に取り組んでいる間に，肯定的な社会的心象を保持することを可能にするような学習過程を作り出すことが，とりわけ効果的な動機づけストラテジーだということである。言い換えれば，教師がもし学習者の学習目標と社会目標を何とか結合させることができれば，学ぶ動機づけを相当に促進できるかもしれない。当たり前のことだが，同年輩の前で肩身の狭い思いをさせられるような場面におかれるような課題には（それがいかに有益であっても），どの生徒も乗り気になって取り組みそうにはない。一方，もし教師が何らかの方法で，主役を演じられるような機会を全員に提供できれば（生徒が彼らの際立った強さを示せるような場面を作り出すことによって），「肯定的な主役」のイメージが，それまでにないほどの励ましとして効果を発揮するだろう。

教師は，第 2 章 2.2 で説明したような類の，安全で支持的な教室環境を確立することによって，生徒の社会的な心象を保護し，また可能であれば強化するのに大いに貢献することができる。自分の授業を社会的に望ましいものにしたいときに，教師

> なるほど…
> 　生徒の生活の中で，他者から拒絶された感情ほど強烈な影響は他にほとんどない。
> 　　　　　　　(James Raffini 1996: 9)

4.5 学習者に肯定的な社会的心象を持たせる

がすべきこととすべきでないことに関して，さらにいくつかのより具体的なストラテジーがある。

　すべきことには，生徒に「よい」役割を提供できるような参加の機会を作り出すことが含まれる（例えば，参加者が好ましい形で登場することを多かれ少なかれ保証するような機会）。これらの場面はL2に関連するもの（L2でユーモラスなコントを演じることなど）であってもいいが，例えば，からまったブラインドを直すのを頼む（他の人の肩の上に立つことや，アクロバティックな動きを必要とするかもしれない）といった，クラスへの別の形での有益な貢献を含むことがある。誰にもいくらかは長所がある。そして，もしこれらの長所をL2学習，もしくはL2授業と結びつける方法を見つけることができたら，教師はすでに闘

私自身の経験では…
　1980年代後半に私が担当した成人対象の夜間EFLコースの中で，全員のために主人公の役割を見つけることの重要性を確信するようになった（Dörnyei & Gajdátsy 1989を参照）。このクラスは大体，仕事や熱意などの何らかの個人的な理由で英語を学ぶ年輩の学習者（老婦人を含む）で構成されていた。その中に1人だけ，中学校の授業の補習として私のコースに参加していた若い生徒がいた——彼をエーディと呼ぶことにしよう。彼は14歳になったばかりだったが，もっと幼く見え，行動はさらに幼稚だった。というよりも，彼はたいてい無言で，引っ込み思案だったので目立ったふるまいは全くしなかった。ある夜，我々はイギリスのモンティ・パイソン（Monty Python）というコメディ・グループのお笑い番組のコントを演じていた。エーディは，ペット・ショップの店員と客が，最近買ったオウムが死んでいるのか，ただ寝ているのかについて議論する「オウムの場面」で，重要な役割を与えられていた。うれしいことに，エーディは彼の役割を楽しんでいるように見えた。彼のはにかみがそのコントのユーモアにはまり，演技は大成功だった。しかしながら，より大きな驚きが次の授業中にやってきた。エーディは人が変わったように見えたのだ。彼は，前の授業のコントで作り上げたチャーミングなスタイルを持続し，授業への参加度は劇的に向上した。自分に合った社会的スタイルを見つけることにより，彼はようやく学習目標に集中できるようになったのだ。

117

いに半分勝ったのだ。

　教師がすべきでないことに関しては，原則はわかりやすい。生徒が他者の前で面子を失う恐れのあることは何もしてはならない！　これは以下のことを意味する。

- 教師は，生徒に恥をかかせていると考えられるような批判や訂正を避けるべきである。とりわけ動機づけられることを必要とする学習者は，自分自身を低く評価しており，彼らの努力は失敗を回避することにひたすら費やされている。したがって，彼らの活動を承認し，彼らの誤りには慎重に対応すべきである。批判はこっそりとすべきである。
- 教師は，予期せずいきなり，もしくは学習者の承諾なしに，または彼らが実力を発揮できると教師自身が確信する前に，学習者が脚光を浴びるようにすることは避けるべきである。多くの学習者が，クラスの前でL2で話さなければならないことへの恥ずかしさによって，やる気を失っている。
- 教師は生徒が恥をかかされていると考えるかもしれないような方法（例えば，彼らが話を聞かないときに彼らを急に非難すること）で生徒を罰することは避けるべきである。

ストラテジー・27

学習者が学習課題に取り組んでいる時に，肯定的な社会的心象を保持することを可能にする。

〈具体的には〉

27-1．参加者に「優れた」役割が与えられる活動を選択する。

27-2．学習者に恥をかかせる批判や，いきなり脚光を浴びせるような，面子を脅かす行為を避ける。

4.6 学習者間の協力を促進する

　学習者間の協力を奨励することについては，すでに再三述べてきた（そして，この後も間違いなく再び述べるだろう）。なぜならば，それは一連の動機づけの実践に関係しているからである（例えば，結束性の高い集団を形成し，学習者自律性を支援すること）。しかし，学習者間の協力は学習者の動機づけを高める上で非常に強力な手段なので，そのために本節を別に立てることにする。

　基本的には，協力することには間違いなく利益がある。世界中の研究が完全に合意しているのは，協調的な環境にいる生徒の方が，他の教室体制にいる生徒よりも学習により積極的な態度を保持し，より高い自尊感情や自信を発達させるという指摘である。教育理論においては，協同学習という完全に仲間との協力の概念に立脚した指導方法さえも提案されている。そしてこの方法は，スレイビン（Robert E. Slavin 1996: 43）によれば，「教育研究の歴史の中で最も卓越した成功談の1つ」である。L2領域では，様々な形式での仲間との協力が揺るぎない手法となったが（コミュニカティブな言語教育の考えに沿った，小集団活動もしくはプロジェクト作業など），これは仲間との相互作用が，現代の言語教授方法論においては学習者の伝達能力を構築するための必須条件として捉えられているという事実に起因している（協同学習については，Ehman and Dörnyei 1998, Oxford and Nyikos 1997 が詳しい）。

　協力が動機づけに非常に好ましい影響を与えるのはなぜか。理由はいくつもある。

- 協力することでクラス集団の結束性が高まる（第2章2.3を参照）。生徒たちが一緒に作業をするときには，彼らは人種，文化，階級や能力の違いを問わず，互いを好ましく思う傾向がある。これはなぜかというと，協力的な状況では，生徒たちは互いに依存し共通の目標を共有する。そのことが，やがて連帯感と同志的協力関係を生み出すのである。

- もし学習者が，特定の目標に向かって互いに協力することが許されるならば，個人で学習しなければならないときよりも，彼らの成功期待感（第3章3.2を参照）は高まるであろう。なぜならば，彼らは仲間に頼ることもできることを知っているからである。協力しているチームは強力な「資料協同利用施設」（resource pool）になるのである。
- 協力的に協同作業に取り組むことにより，学習目標と社会的目標がうまく統合される（これについては前節で，動機づけの観点から理想的な組み合わせであると論じた）。それは学習の点からみて効果的であることが多く，生徒の所属と結びつきへの欲求にも直接呼応する。
- 協力的な場面では，仲間の協力者に対する義務感や道義的責任感が存在する。これは，さもなければ動機づけが低下してしまいそうなときに，仲間が互いを引き寄せあう傾向があることを意味する。また連帯責任では，「ただ乗り」（つまりほとんど何もしないで，他者の行動の利益を得ること）の可能性が減少することも意味する。
- 協力は，1人1人の独自の貢献が集団の成功に必要とされるという認識が人の努力を高めるという理由でも，動機づけを高める。
- 協力的な状況は，一般的に肯定的な感情の色合いを強くする。そして，一般的に他の形式よりも不安や緊張を軽減することになる。
- 協力的なチームは，当然自律的である（なぜならば，彼らは教師の直接の指示なしにたくさんの作業をしなければならないからである）。そして，自律性は動機づけの強力な一助となる。
- 生徒たちが一緒に課題をうまく完成させた後で味わう満足感は，共有体験やそれに続く祝福の共有によってさらに高まる。
- 協力的な状況は，能力に比べて努力の重要性を増す。なぜならば，協同作業では人が判断される主な指標は，その人のチームへの実際の参加だからである。これは，言い換えれば，努力を基礎とした帰属を促す。これは第5章5.1で自己評価について議論するときに，主要な論点となる。

効果的な協同タスクの鍵となる特徴は何か。以下の点は教師からの報

告や研究論文にもっとも頻繁に触れられているものである。
1．学習者は3〜6人の小集団で一緒に作業する。
2．集団の成員が積極的に相互依存するように，つまりタスクを完結させるために互いを信頼するように学習を構成する。これは次のような方法で実現できる。
- 学習者は，1つの共同作品を目指して作業する（合同演技など）
- 個人の評点に加えて，何らかのチーム得点も算出する。そしてそれを個人の得点を修正するのに使う（例えば，生徒たちが個々に受けるテストに向けてチームが一緒に準備したときに，チームの平均点を勘案して個人のテストの得点を修正する）。
- チームのすべての成員に具体的な役割を与え，全員が具体的な責任を負うようにする（「説明する人」，「要約する人」，「メモをとる人」など）。
- 学習資材は，共有されなければならないように限定するか（例えば，チームにつき1枚の解答用紙），もしくは組み合わせなければならないようなものにする（例えば，全員が1つの記事の異なる部分を受け取る）。
- チームの責任を強調する特定の授業の決まりを設定する（例えば，チーム内の他の全員が課題を完結するまでは，誰も次の教材に進んではいけない）。
3．学習者は，前もって何らかの集団技能訓練を施されるべきである（互いの話に耳を傾けること，議論に際し理由づけをすること，チームの作業をまとめて調整することなど）。そして，協同作業がどこまで進んだか，そして何を改善したらよいかについて，時々反省することを求められるべきである。

> **ストラテジー・28**
> 学習者間の協力を促進することにより，生徒の動機づけを高める。
> 〈具体的には〉
> 28-1．学習者のチームが，同じ目標に向かって一緒に作業することが求められるようなタスクを設定する。
> 28-2．評価の際に，個人の結果だけでなくチームの結果を勘案する。
> 28-3．チームでいかにうまく作業するかを学ぶために，何らかの社会的訓練を生徒に与える。

4.7　学習者自律性を培う

「自律性」（autonomy）は教育心理学における目下の流行語であり（「自己調整」（self-regulation）という名の下でも議論されている），その上，これまでの10年間にL2領域におけるその重要性について，書物や記事がいくつも公刊されている（最近の概説としてBenson 2001を参照）。少しだけ皮肉な言い方をすると，研究者の間でこの概念に人気があるのは，一部には教育組織が，概して学者が実現されるのを期待している類の変化に，かなり抵抗しているという事実に原因があり，それ故に研究は，受ける教育に影響を受けずにうまく学習に取り組める学習者を育成する方法の分析に，大きく傾いてきたのではないか。もちろん見方を変えれば，学習者自律性を支持する理論的議論に説得力があり，独立して学習に取り組める学習者の方がより高い実力を獲得できることには，いくつかの証拠があるのである。ただし，バーバラ・シンクレア（Barbara Sinclair 1999: 100）は我々に警鐘を鳴らす。こうした証拠はどれも，それ自体では言語学習における自律性を促進するための強く説得力のある議論とはいえない，と。

心理学における動機づけと自律性の関連性は，影響力の大きい「自己決定理論」（self-determination theory）によって最も強調される（第1

章1.1を参照)。この理論によれば，他者の願望に従って無理やり行動させられるのではなく，選ぶ自由や選択肢をもつ自由が動機づけの必須条件となる。自律性は集団力学とも関連していて，集団の内的発達や成熟度の高まりは，成員が自分自身の活動により大きな責任と制御を担うのと同一歩調で進んでいく。集団力学の観点からすると，参加する生徒は次第に自律的な学習者になる。

自律性支援の教育実践の主要な構成要素は何か。広範囲に調査をしなくとも（なぜならばこれは非常に大きな話題であり，文献の中で何万にも及ぶ印刷されたページがそれ自体のために充てられているから），以下の点が極めて重要であることがわかる。

1．学習過程の構成への学習者の関与を増やす：

学習者の関与を増す主要課題は，学習過程について学習者と責任を共有することである。彼らは——少なくともある程度は——彼らに起こっていることに関し，主導権を握っていると感じる必要がある。教師はこれを実現するために多くのことができる。

- 学習過程の可能な限り多くの側面について，学習者の選択を許容する。例えば，活動や教材，話題，

> **なぜ自律性か？ 一教師の報告**
>
> 1970年代半ばに，私は能力別に編成されていない言語クラスで14～16歳の（デンマーク人の）生徒を相手に初めて教鞭をとった。私はこの年齢の集団がしばしば示す，学校教科としての英語への興味の一般的な欠如や「学校うんざり」の態度に万策尽きていた。何とかやっていくために，私は自分の通常の教師の役割を変化させなければいけないと感じた。私は，例えば教室活動や学習教材の選択に生徒を巻き込むことを試みた——というよりはむしろ，私は彼らを無理やり巻き込んだ——。私がすぐに認識したのは，学習者と指導・学習活動の計画や遂行の責任を共有することが，彼らの積極的な関与をもたらし，よりよい学習につながったということである。それはまた，学習過程の評価能力をも高めた。このようにして好循環が作り出された。つまり，学習の仕方の理解が，学習内容の学習を促進しそれに影響を及ぼし，学び方の理解が一層深まるのである。
>
> (Leni Dam 1995: 2)

課題，提出期限，学習の進め方や速度，机・椅子の配置，一緒に作業をしたい仲間についてなどである。選択は責任の本質である。なぜならば，それは，学習者が自ら学習経験を管理していると理解することを可能にするからである。しかしながらこのような選択についての，教師の視点から見た困難点は，学習者に自分が本当に管理していると感じさせるためには，これらの選択が本物である必要があり，生徒が間違った決定をするかもしれないという事実を見越している必要があるということだ。生徒が間違った決定をすることを回避する唯一の方法は，最初は一覧表で与えられた選択肢から彼らに選ばせることから始めることである。その次に修正と変更を求め，そして最後に完全に自分自身で目標や手順を選ばせることによって，生徒の選択する能力を育成することである。

> **興味深い研究**
>
> ノエル／クレメント／ペルティエ（Kimberly A. Noels, Clément and Luc G. Pelletier 1999）は，言語教師の伝達様式が動機づけに及ぼす影響を調査する先駆的研究を行った。彼らはとりわけ，言語教師がどの程度学習者の自律性を支援し，学習過程についての有益なフィードバックを提供すると学習者によって考えられているかに関心を持った。そして，教師による学習者の自律性支援の程度と教師が与える説明的フィードバック（informative feedback）の量が，学習者の自己決定感（自律性）や楽しい気持ちと直接的に正比例していることを発見したが，これはまさに，学習者自律性に関する理論考察が示唆することなのである。面白いことに，直接的な影響は，外的な（道具的な）理由で学習に取り組む学習者には有意性を示さない。それは，義務的に言語を学習している学習者が，自己の自由意志で学んでいる学習者ほど自律性の意識が高くないことを示唆しているのである。

・真に責任のある地位を生徒に与える。授業の責任を任せられることによって，学習者は学級集団の十分に活躍する一員となる。伝統的な学校環境では，責任が明確に分離されていない。なぜならば，教師が責任のすべてを管理しているからである。しかしながら，教師の管理機能や経営機能の多くを，生徒や委

員会の責任に転化することができないはずがない。その結果，様々なリーダーシップの役割や委員会の委員としての地位，さらにその他の特権を回り番にして，全員に機会を与えるようになる。

> **なるほど…**
> 教師が学習者自律性に積極的に取り組むためには，相当な度胸が必要である。とりわけ，学習者の成功を教師自身が努力すれば何らかの方法で保証できるという未練がましい考えを，教師が捨て去ることが求められるからである。
> (David Little 1991: 45)

- 生徒の貢献や，仲間との教えあいを奨励する。私の経験では，学習者は新教材を他の仲間に伝達する方法を見い出すことについて，非常に機知に富んでいる。それが単に教師よりもうまく教えられることを示すという目的のためだけであっても！ 大学で私の担当するいくつかのゼミのクラスでは，私は学生の小集団（普通は学生のペア）に教材をすべて与え，その教材を相手に教える方法は彼ら自身の工夫に委ねた。私が覚えているのは，2つのチームがわからない単語の意味を推測して競い合う「コール・マイ・ブラフ」(Call my bluff) というゲームを，言語テストについて学ぶために使った授業や，非常に大きなボードゲームを学習ストラテジー分類を教えるために作った授業である。

- プロジェクト作業を奨励する。学習者は実行すべき完全なプロジェクトを与えられるとき，当然自律的な方法で役割を果たす。教師は初めからコミュニケーション・ネットワークの一部とはならず，学習者が自分たちで組織を作り，目標を達成するためにもっとも適切な行動方針を決定し，発見したことをクラスに報告する方法を考案することが必要となる。

- 適切な時期に学習者が自己評価の手続き（self-assessment procedures, Ekbatani and Pierson 2000 を参照）を使用することを許可する。自己評価は，自分自身の学習の誤りや成功についての意識を高め，学習過程における具体的な参加意識を彼らに与える（自己評価の手段の例は，

第5章5.4の表9を参照)。ほとんどの学校の状況では，自己評価のみでは十分ではなく，学習者は教師によっても評価されるようになっていることを，私はもちろん認識している。このような場合には，学習者はおそらく，いつどのように評価されるかを決定する作業に関わることができるかもしれない。

2．教師の役割の変化：

学習者の主体性を高めるには，しばしば「支援スタイル」(facilitating style) と呼ばれる，どちらかと言えば非伝統的な指導スタイルを採用する必要がある。支援者としての教師は伝統的な意味で「教える」ことはしない。つまり，教師は，生徒をもっぱら教師や教科書からの情報で満たされなければならない空の器と考えるのではない。教師は自分自身のことを，学習者を導き，世界に

> **なるほど…**
>
> 「支援」(facilitation) というのは困難を伴う実践である。なぜならば，たくさんのことを考えなければならないからである。「支援」は，「講義」(lecturing) や「指導」(teaching) のいずれよりもより幅広い人の動きの領域に焦点を当てている。「講師」(lecturer) から「教師」(teacher)，さらに「支援者」(facilitator) への変化を特徴づけるのは，教師と学習者の心理的距離を狭め，学習者自身の行動計画をより考慮し，さらにそれに導かれるような試みをすることである。制御は，より分散化し，民主化し，さらに自律化する。そして支援者が制御を省くことができた余力は，コミュニケーションや，好奇心，洞察，そして集団内の関係を育成するのに使われる。
>
> (Adrian Underhill 1999: 140)

ついての意味を発見し創造させる援助者であり，教育設計者だと見なす。*The Facilitator's Handbook*（私が多くを学んだ本であるが）の中で，ヘロン（John Heron 1989）は説得力のある言い方で次のように議論する：──人々の信念とは裏腹に──，よい支援者とは「穏やかさ」とか「自由競争」の精神によって特徴づけられるのではない，と。彼は次の3つの異なる支援形態を区別する。

・階層的（hierarchical）
・協同的（cooperative）

・自律的（autonomous）

　階層的形態においては，支援者は自分の力を集団の学習過程を方向づけるために使い，完全に責任を持ってすべての重要な決定をする。協同的形態は，支援者が集団と力や責任を共有することを含み，成員が様々な形式の学習においてより自律できるように促す。自律的形態では，支援者は集団が自分たちに合った方法を見つけ，自分たち自身の判断を働かせる総合的な自律性を尊重する。ヘロンによれば，効果的な支援の方法はこれら3つの形態の正しいバランスと配列を見つけることにある。

　言語教育における学習者自律性に関する最近の概論書の中で，ベンソン（Phil Benson 2001）は，適用できる様々な理論を要約するための明確な分類を提案した。彼は，自律性を育成するための5つの異なる実践を区別している。

- 教材を基礎とするアプローチ（resource-based approaches）：学習教材の自主的な学習を強調する（例えば，個別学習や仲間との教え合い）。
- テクノロジーを基礎とするアプローチ（technology-based approaches）：（コンピュータなど）教育工学機器の自主的な活用を強調する。
- 学習者を基礎とするアプローチ（learner-based approaches）：学習者の行動上の変化や心理的変化を直接産み出すことを強調する（例えば，様々な形式のストラテジー訓練—4章4.4を参照）。
- 教室を基礎とするアプローチ（classroom-based approaches）：教室内での学習者と教師の関係の変化，そして学習計画や学習評価の制御を強調する。
- 教育課程に基礎を置くアプローチ（curriculum-based approaches）：学習計画や学習評価の制御の考え方を，教育課程全体に広げる。

　この一覧は，もし教師が自律支援の役割をより積極的に導入することに決めたら，その目標を実現するために取り入れることのできる広範囲のアプローチがあることを明示している。

もちろん，学習者自律性を高めるのは常に純粋に嬉しく楽しいというわけではない。それは危険を伴うものである。学習者間，もしくは教師と学習者の間で対立が発生するかもしれない——実際，ほとんど不可避的に発生する——。集団力学の領域では，これは通常，集団の発達の「波乱段階」(storming stage)と名づけられており，集団が真の成熟を達成するためにはこのような「うわべを打破する」(cracking of the façade)ことを経験する必要があると，一般に信じられている。我々教師がパニックに陥るのは，このようなときである。すべてが誤りだと信じ，「手ぬるかった」と自分を責め，提供された素晴らしい機会を学習者が理解しなかったことに立腹，憤慨し，そしてそれ故，「秩序を確保する」ために伝統的な権威主義的な手法と手順に訴える。しかしながら，心構えのできている教師は，いくらかの対立は自律的学習過程の自然な部分であることを認識し，気持ちを引き締め，集団を仲介し，まとめて波乱を乗りこえるであろう (Dörnyei and Malderez 1997)。

　私は学習者自律性を信じているが，この節をグッド／ブロフィ (Good & Brophy 1994: 228) の戒めの言葉で締めくくるのは有益であると考える。

> **教師が遭遇するかもしれない問題…**
> ・学習者に決定させ，その決定に対する責任をとることは難しいかもしれない。
> ・生徒の「間違った」決定をする権利を尊重するのは難しいかもしれない。
> ・以前に集団で作業した経験のない生徒たちに，集団作業を導入するのは容易でないかもしれない。
> ・自律学習のために適した既製の活動を，教科書の中で十分に見つけられず，新しい活動を作成するのに時間を割かなければならないかもしれない。
> ・教師は，自分がすべての場所に同時にいることはできないことを理解するのが難しいかもしれない。
> ・教室制御の伝統的な方法を手放して，斬新な，または一部変更した訓練手法に頼るのは怖いかもしれない（実際，怖い）。
> ・一般に，教師にとって生徒を「手放し」，生徒の「定着」能力を信頼するのは難しいかもしれない。
>
> 　　　　　　（Dam 1995 に一部基づく）

1つには，人が自分のしていることに確実に価値を見出す最も単純な方法は，その人の選択の自由と自律性を最大限にすること，つまり，何をすべきか，それにいつどのように取り組むのかを決定させることである。しかしながら，学校はそもそも，娯楽を提供するために設計されたレクリエーションの場ではない。学校は生徒が登校し，所定の教育課程の下で教育を受けることが必要とされる教育の場なのである。教師が，生徒に自分の興味に照らして自ら活動を選択するのを許すことによって，現存する動機づけを生かす機会もいくらかはあるだろう。しかしほとんどの場合，教師は生徒が自分の判断で選択していない活動に従事することを，彼らに要求しなければならないのである。

ストラテジー・29

学習者自律性を積極的に促進することにより，生徒の動機づけを強化する。

〈具体的には〉

29-1．学習過程のできる限り多くの側面について，学習者が真の選択をすることを許容する。

29-2．様々な統率や指導の役割と機能を，できる限り多く学習者に譲渡する。

29-3．支援者の役割を取り入れる。

4.8　学習者が自ら動機づけを高めるストラテジーを促進する

　前節では学習者自律性を扱った。この議論から言えることは，学習者に自分の学習プロセスをよりしっかりと制御するように奨めることは，（おそらく）動機づけと学習効果の両観点から有益だ，ということであった。我々がもし同様の自己調整原則を，自分の動機づけの制御に適用したらどうなるだろうか。学習者が自ら学習への情熱を形成するような

動機づけの状態や経験を，学習者に個人的に管理させる方法はあるのだろうか。言いかえれば，学習者が自分自身を動機づける方法を，我々は心に思い浮かべることができるだろうか。この問いに対する肯定的な回答は実践的にかなり重要になる。なぜならば動機づけに関する文献における議論のほとんどは，どちらかというと生徒の動機づけを刺激する教師の責任や役割に焦点が当てられており，したがって，生徒の協力を求めることによって動機づけストラテジーの範囲と効果は大きく増すからである。

> **どう思いますか？**
>
> 　しかしながら，今，教育における学習者中心，そしてとりわけ学習者自律性の時代に，教師自身の指導指針を変える必要があるのだろう。要するに，適切な問いかけは，もはや「教師はどのように学習者を動機づけることができるか」ではなく，「教師は，学習者が自己を動機づけるのをどのように支援できるか」であるように思われる。　(Ema Ushioda 1996: 2)

　教師の動機づけの仕事を，生徒がいくらか担うことができると思うのは，必ずしも認識の甘い考えではない。劣悪な状況で，教師の援助のないような教室でも，目標への情熱を他人よりもうまく保持する学習者がいるという事実を考えてみよう。彼らはいかにして目標への情熱を保持するのだろうか。彼らはある種の自己管理技術を用いて，周囲の妨害や競争，注意をそらす感情的または身体的なニーズ・状態を克服するのである。つまり，彼らは自己を動機づけるのだ。そして，もし彼らにそれができるのであれば，とりわけ教師が何らかの指導を行えば，当然他の人も同じようにできるはずである。学習者の自己動機づけ能力についてのこの仮定は，この10年間で裏づけを得た。ドイツの2人の心理学者，ジュリアス・クール（Julius Kuhl）とハインツ・ヘックハウゼン（Heinz Heckhausen）の先駆的な研究（Heckhausen 1991, Heckhausen and Kuhl 1985, Kuhl 1987 など）に刺激を受け，最近の教育心理学の研究は，初期の動機づけが揺らいだときに，行動を保持するために学習者ができることについて次第に探求しはじめるようになった（Snow, Corno and Jackson 1996 を参照)。

クール (Kuhl 1987) とコルノ／カンファー (Corno and Kanfer 1993) の分類に基づき,自己動機づけストラテジーを次の5つの主要な種類に分類したい。

1．意欲制御 (Commitment control) ストラテジー
2．メタ認知制御 (Metacognitive control) ストラテジー
3．飽和制御 (Satiation control) ストラテジー
4．感情制御 (Emotion control) ストラテジー
5．環境制御 (Environmental control) ストラテジー

> **全くそのとおり！**
> 世界は,最も熱心な生徒にとってさえも魅惑的な娯楽で満たされている。学校は学ぶ場所であると同時に,複雑な社会的ネットワークである。家庭は子どもたちにテレビやコンピュータ・ゲーム,そしてCDを与える。放課後のクラブは子どもたちのわずかな空き時間を飲み込んでしまう。学習を成功させるためには,生徒は社会的目標と知的目標の競合に対処することや,次に生じる様々な雑念を管理し制御する方法を学ばなければならない。
> (Lyn Corno 1994: 248)

以下,各々の種類を別個に説明し例証する。バウマイスター (Roy F. Baumeister 1996),コルノ／カンファー (1993),ガルシア／ピントリッチ (Teresa Garcia & Pintrich 1994),そしてクール (1987) の研究を利用することによって,自分自身の経験を補足する。読者は,列挙されるストラテジーのいくつかが,オックスフォード (Oxford 1990) とオマリー／シャモット (O'Malley & Anna Uhl Chamot 1990) によって概念化された「情意学習方略」(affective learning strategies) に類似していることにも気づくかもしれない。

● **意欲制御ストラテジー**

「意欲制御ストラテジー」は,学習者の最初の目標への情熱を保持,もしくは強化するのを助ける意識的な手法である。これは次のようにす

ることで実現できる。
- **好ましい期待や積極的な報奨と報酬を心に留めておく**：
  素晴らしい成果を意識的に想像することにより，我々は自己の目標に向けた努力を再び活性化することができる（例えば，自分の取り組んだ映画でオスカー賞を受賞することを空想する映画監督のように）。
- **最初の意図が挫折したらどうなるかに焦点を向ける**：
  行動を断念することによって生じると考えられる否定的な結果を想像することで，継続するのに十分な活力が活性化されることがある。

● メタ認知制御ストラテジー

「メタ認知制御ストラテジー」は，学習者が集中力を監視，制御し，先延ばしをやめるために使う意識的な手法を指す。以下，いくつかの例を示す。

- **集中するための自己喚起を自分に定期的に与える**：例えば，「集中しろ。根気がなくなってきているぞ」，「さあ，もう少しだけ」など。
- **集中力欠如のために起こり得る結果を想像する**：注意不足の結果，起こり得る，誤りの結末について考えることが，我々の注意が緩んでいるときに必要なひと押しを与えてくれることもある。このストラテジーの強化版は，あたかも自分の人生がそれにかかっているかのように作業するのだと自分自身に言い聞かせることである。
- **締め切りについての自己喚起を自分自身に定期的に与える**：進み具合を時間枠に照らして定期的に確認し，締め切りに遅れるぞ，と自分自身を脅すことは多くの人にとって効き目がある（すべての人にではないが…）。
- **魅力的な選択肢や学習に関連のないことを意図的に無視する**：狭量な態度をとる。夢中になって取り組んでいることと直接的な関係がある物事のみに焦点を当て，関係のない刺激を一切排除することは，一部の人たちが非常に効果的に用いているストラテジーである。関係のな

い刺激には，泣いている赤ん坊のようなものから突然出現してきた様々な新しい機会に至るいかなるものも（私の場合は，この部分の原稿の最終稿を準備している最中に，頭の上にジャンプしてくる2人の幼い男の子も）含まれる。
- **繰り返し発生する雑念を見究めて，それを防御する方策を身につける**：まずしばらく自分を観察し，次に注意をそらしてしまううるさい

「私はオリンピックに行ける…」
オリンピック選手のマリリン・キングを何が動機づけたか

　それから彼女の人生を変えてしまうことが起きた。オリンピック委員会が，オリンピック出場選手を選抜しに来ていたが，彼らは，マリリンが破った2人の女の子を選んだのだ。1人はその試合の日にたまたま調子が悪かった優れた選手である。しかしながらマリリンは，自分がもう一方の選手よりは優っていることを知っていた。もちろんマリリンはがっかりしたが，「もし彼らが彼女を選んで，私が彼女を破ったら，それは私がもしかしたらオリンピックに行けるかもしれないということを意味する。私はオリンピックに行けるかもしれない。」という判断をくだした。この最後のフレーズが，彼女が帰郷したときに頭の中を何度もよぎった。彼女はそのフレーズをトラックを走っているときにつぶやき，ある日，開幕日にオリンピック・スタジアムに実際に入場していくのを想像した。すると突然トレーニングが楽になり，彼女は自分の動機づけが高まるのがわかった。…オリンピック選手には強い意志力と決意が備わっていて，それによって彼らは一生懸命練習することができるのだとほとんどの人が考えていると，今日ではマリリンは言う。彼女は，それは違う，そうではなく大切なのは見通しなのだ，と述べる。大きな情熱と興奮を駆り立て，自分のやりたいことをするだけの非常に強い活力を持てるのはイメージの力である。…彼女は，他のオリンピック経験者が彼女と似た経験をしたかどうかを調べるために，彼らの情報を集め始めた。彼女が発見したのは，ほとんどのオリンピック選手が，自分がしたいことに非常に明確な見通しをもっていたこと，そしてこの見通しが常に存在していたことである。この見通し（もしくは目標または結果）はまた，大きな情熱と興奮を駆り立てた。この見通しと情熱は，多くの行動を何度も何度も繰り返して起こす気持ちを彼らに与えた。何か行動を起こすことが大切だ…。

(Tim Murphey 1998b: 61-2)

考えや雑念の種類を見究め，それから目標に専念させる自己対話行動を身につける。

・**目的のない，または逆効果を招く先送りはすべて切り詰める**：あれこれ考えすぎることが行動への障害となるか，もしくは目標の追求を損なってしまうことがある。そのようなとき，「考えるのはもうやめて本腰を入れて取り掛かろう」という態度が必要になる。

・**学習に取りかかるための始動儀式を行う**：道具を準備すること，作業に取りかかる前にコンピュータのウェブサイトを確認すること，机を掃除することなどは多くの場合，我々に適切な心構えを持たせる。

・**講じるべき最初の段階に焦点を当てる**：問題全般の複雑さを無視し，我々の注意を１番初めにすべきことに絞り込むことによって，開始に向けた十分な活力を集中できる。

飽和制御ストラテジー

ひとたび活動が新鮮さを失うと，「飽和」（satiation）が身に迫る危険となる。これはとりわけ決まりきった活動に当てはまり，開始直後からどんどん退屈になってくる。「飽和制御ストラテジー」は，活動に特別な魅力や面白みを加えることを目的としている。以下いくつかの方策を示す。

・**活動に工夫を加える**：活動にとりかかる際に，より楽しくしたり，よりやりがいのあるものにしたり，もしくは難しいものにするような何がしかの変化を考える。これには，特定の行動の順序を変えるこ

> **メアリー・ポピンズは知っていた…**
> 「それはゲームでしょ，メアリー・ポピンズ？」
> 「ええと，それはあなたの見方によるのですよ。あのね，やらなければならない仕事にはすべて，楽しみの要素があるのです。楽しみを見つけて――そうだ！――仕事はゲームになるのです。そう考えると取り掛かる仕事はどれも易しいものになるのです…」
> （1964年のディズニーの映画から）

とを含む。例えば，場面を変化させる；リズムやペースを取り入れる，もしくは変化させる；架空の記録を設定しそれを破ることを試みる；自己にノルマを課し，それを上回ることを試みる；繰り返し発生する困難を，取り組む必要のある挑戦に変える；そして芸術的感覚で行為を遂行する（機能的な質に審美的な質を加える）ことまで目指す。

- **活動を生き生きとしたものにするために空想を利用する**：このストラテジーは様々な形をとることができる。想像的なシナリオを作り，活動をゲームとして捉えてもいい。品物を擬人化して扱うこともいい。もしくは，自分自身に心的な報酬を与えたり，苦行を課すことでもいい。

> **彼女はどうやったか？**
>
> メアリーは私の大学時代の友達である。彼女はあまり勉強しないのに，いつも本当に優れた成績をとっていた。それは私にとってはなぞだった。彼女が一体どうやっているのかと思い，彼女をより綿密に観察し始めた…。
>
> いくつかの授業は彼女にとって面白いものではなかった。それでもなお彼女は学びたいと思い，優れた成績をとりたいと思った。だから彼女は，彼女の教授が言っていることがすごく面白いというふりをした（そして実際にそう信じた）。すると，彼女はわくわくして，皆にその教授の言ったことを話すようになった。
>
> (Tim Murphy 1998b: 21)

● 感情制御ストラテジー

不安，恐れ，絶望のようなある種の感情状態，もしくは気分は，行動を妨害もしくは抑制し，我々の決意を弱めるが，その一方で，事態を楽観的で肯定的に捉えるような他の感情状態もある。「感情制御ストラテジー」を用いることにより，我々は目ざわりな状態をうまく処理し，決意を実行に移すことを促すような感情を意識的に作り出すことができる。我々がこの目標を達成する手助けとなるいくつかのストラテジーが，これまでに特定されている。

- **役に立つ気分転換を考え出す**：プレッシャーが我々にのしかかってきた時に，脅威を取り除き，我々の心を新しい軌道に乗せるために，何か楽しいことや前向きなことを考えるようにすべきである。関係はないが思わずのめりこんでしまいそうなことに焦点を当てることも，効果があるかもしれない。あるいは，同じ趣旨で，歌を歌ったり，ちょっとした散歩にでかけるなど，何かもっと体を使うこともできる。
- **自己肯定化**（self-affirmation）：我々のやったことに対する他人の否定的な評価に対抗して，他の領域における自己の肯定的イメージを意識的に活性化する（能力や長所を思い起こすなど）ことを含む。自分の実力を再認識し，以前にこの種のことをうまくやった時のことを思い出すことも，自分を何もできない，小さい，弱々しいと感じるときには助けになる。
- **出来事を肯定的な物語に仕立てる**：1つの否定的な出来事を，我々自身がより肯定的な観点で描かれているもっと大きな物語に組み入れることによって，「正当化する」ことを意味する。例えば何か失敗したときに，それよりももっと深刻な失敗をせずにすんだというプラス面を自分に強調することによって，その失敗から来る困惑を緩和することがこの典型的な例である。
- **自己激励**：優れた仕事を自画自賛し，さらなる成果を目指すような肯定的な自己対話を意味する。
- **ユーモラスな要素を見つけること**：面白くない状況の中にユーモアを見つけ，いかなる種類の苦痛をも非常に効果的に軽減することができる意識的なストラテジーである。
- **くつろぎと瞑想の手法を用いること**：人は自己の身体的反応を制御する方法や，体と心をくつろがせる方法を学習することができる。例えば，ストレスの多い状況で呼吸のペースを落とし，より規則的により深く息をすることなど。
- **10まで数える**：怒りを爆発させる前に10まで数えることは，自己の気性を制御する伝統的でかなり効果的な方法である。

- **自己感情を他者と共有する**：自己の感情を処理する支援を引き出すために，自己感情を他者と共有する。
- **祈る**。

環境制御ストラテジー

「環境制御ストラテジー」は，一部には否定的な環境の影響を取り除くこと，また一部には，環境を難しい目標を追求する際の味方にすることによって，積極的な環境の影響を引き出すことに関係する。最初の側面は単純明快である。すなわち，邪魔をする要因が周囲に少なければ少ないほど，目標にたどりつく可能性は高くなる。取り除く必要のある障害物として，次の2種類がある。

- 障害の環境的な原因（騒音や友達など）
- 環境の誘惑（たばこをやめたい時の1箱のタバコなど）

肯定的な環境的影響は，それほど単純明快にはいかない。それらは存在しないので作り出されなければならない。大切なことは，目標を追求するとき，自分を支援する環境的もしくは社会的な圧力を活用することである。例えば以下の方法がある。

- 仕事を始める明確な目的で作業班を招いたり，会議を設定したりする。
- 何かをする，しないの約束や公約をする。
- 「もはや後ろにひけない」状況まで自分自身を追いこむ。
- 仲間に手助けを求める。（例えば，自分が何かをすることを許可しないように）

自己動機づけストラテジー訓練

生徒は確かに自分で，いくつかの「自己動機づけストラテジー」を生みだし，または発見することができるが，これらは多くの場合，量も種

類も少ない。したがって、いかなる動機づけを高める指導実践においても重要になるのは、学習者の適切なストラテジーの意識を高め、適切なときにそれらのストラテジーの有効性に気づかせることである。自己動機づけストラテジーの訓練は、大まかに言えば学習ストラテジー訓練のために開発された手続きに従うべきである。以下はそのようなプログラムの6つの主要な段階を概説するひな型である。

1. 生徒がすでに用いている自己動機づけストラテジーを見つけ、彼らとそれについて話し合う。
2. 上で述べた5領域に対し、いくつかの新しいストラテジーを提案し、手本を示す。
3. ストラテジー使用の論理的根拠を与える：学習者はストラテジーの有効性を確信した段階で、ストラテジーを適用し、新しいストラテジーを作り出す労をいとわなくなる。

ニューヨークの Teachers College での、自発的（自己動機づけ）ストラテジー訓練の活動見本

1. 教師と学習者は、自宅と教室内での仕事や勉強への、目立った障害を列挙する。それから彼らは、学習者がこれらの障害を処理し、集中力を保持する方法を議論する。
2. 教師は、注意を集中できない状況への効果的な反応と非効果的な反応の両方の見本を示し、例示する。
3. 学習者は、より効果的なストラテジーの特定と分類を必要とする20項目のクイズの一部として、用意された筋書きを分析することによって様々な効果的、非効果的なストラテジーの知識を説明する。
4. 書かれた筋書きを用いて、学習者たちが小集団になって、注意を集中できない困難な学習状況に効果的なストラテジーで対応するロールプレイを演じる。観衆役の仲間が、役者たちのストラテジー選択を見極め、評価する。
5. 教師が学習者のストラテジー使用の証拠を探すことを学習者に伝える。教師の観察に照準を合わせたいくつかの課題を3週間にわたって設定し、その間、課題実行の効率性と教育資料の処理方法の進歩を測定する。学習者も自己評価を行い、その後、教師と学習者が意見を述べ合う。

（出典：Lyn Corno 1994 : 245-6）

4．生徒がストラテジーを実践に移すのを手助けするために，解説つきの練習や経験を与える。
5．生徒が自身でストラテジーを生み出すことを奨励する。
6．「共有セッション」を計画する。時々，生徒に，彼らが案出し，あるいはとりわけ有効だと思ったストラテジーを仲間と共有することを求める。学習者は学習過程に直接的に関与しているので，簡単な言葉で仲間たちと共有できる新たな洞察を持っていることが多い。加えて，自分だけの自己動機づけストラテジーは，多くの場合非常に愉快であり，生徒はそれらを共有することを楽しむ。

ストラテジー・30

学習者の自己動機づけ能力を強化する。

〈具体的には〉

30-1．学習者の自己動機づけの重要性に対する意識を高める。

30-2．以前に有効だと考えたストラテジーを互いに共有する。

30-3．学習者に自己動機づけストラテジーを取り入れ，作り出し，適用することを奨励する。

第 5 章　学習経験を締めくくる：肯定的な自己評価を促進する

　前章まで基本的動機づけの条件を整備する方法，学習開始時に動機づけを喚起する方法，そして現存する動機づけを維持し，保護する方法を分析してきた。これまでに話してこなかった動機づけの主要な問題は 1 つを残すのみ，すなわち，これまでの学習についての学習者自身の評価とその受け止め方である。人間の 1 つの特性は，前方を見てやって来る難題に専念するよりも，将来のための教訓を得ようと，振り返って自分の行ったこととその出来具合を評価することに長時間を費やすことである。このようにして，過去は将来と緊密に結びつけられる。したがって，学習者を動機づけることの 1 つの重要な側面は，学習者が将来の努力を妨げるよりも高めるように，自分の過去に対処する手助けとなることである。

　読者は次のように反論するかもしれない——ごもっともだ，前にやったことが将来やろうすることに関連があるということは認めよう。だが，こんなことを話しても何の意味があるのだろう。すでに起きてしまったことについてやれることはそんなに多くない，と。この反論の問題点は，人の行う評価の「主観的性質」を考慮に入れていないという点である。生徒たちの過去の学習の評価は，達成した成果の絶対量だけでなく自分の成果についての自分なりの解釈によっても左右される。自分の作り出したものが大した価値もないのに，自信と満足感ではち切れそうな人々に出会ったことがあるだろう。また，質の高い仕事を行っているのに常に満足できないでいる人たちはどうか。このような場合，自分の実際の

能力の水準とその人自身の評価方法の間に明らかに不一致があるのだが，主観的なめがねを通して過去を見ることはこうした極端な事例にのみ限定されるのではない。我々の自己評価はすべてある程度歪んでいるものだ。

　本章では，学習者が自己の成果をもっと肯定的に受けとめる手助けを教師はどうしたらできるか見ていく。具体的には，次の事項を検討する。
・建設的な方法で過去の成功と失敗について学習者が説明できるように指導する方法
・自己の成功と進歩により多くの満足感を学習者が得るための援助法
・進行中の学習を最も促進することになるフィードバックの特徴
・授業中に与えられる報酬と成績の効果

5.1　動機づけの帰属を高める

　心理学で「帰属」（attribution）という語は，人々が過去になぜ成功したか，あるいは，（こちらの方が重要なのだが）なぜ失敗したか，その原因について行う説明を指すのに用いられてきた。研究者たちは，このような主観的な説明が将来の活動を計画し始めるとき重要な役割を演じることを認め，1つの心理学理論の全体が帰属を中心において構築され，当然のことながら，「帰属理論」（attribution theory）の名称を持つに至った（第1章　1.1.を参照）。帰属が学習の動機づけの中核にあることは，多くの人々が主張していることであり，また帰属研究は確かに1980年代の教育心理学の有力な方法論であった。しかし，これは心理学の専門家以外には普通あまりなじみのない領域である。

　帰属の力を例証してみよう。教師はだれでも，成功できると信じないが故に努力を全然しようとしない生徒を目の当たりにしたことがあるだろう。自分の潜在能力に対するこの確信のなさに特徴づけられる極端な事例は，心理学の文献で「学習された無力感」と呼ばれてきた。学習者が一旦この状態に陥ると，そこから抜け出すことは難しい，と研究者た

ちは一致して述べている。この学習者たちは一体どうしたのだろう。どうして「無力感を学習」したのだろうか。このような学習者の1つの基本的な問題は，彼らが自分の過去の学習経験を学習の障害になるような形で解釈していることである。彼らは過去の失敗を，学習が不足していた，あるいは適切な学習方法についての不十分な知識やその活用のよう

> たしかに…
> 　帰属は教師，親，コーチ，カウンセラーに特に有効な動機づけの説明である。別の授業で帰属について学んできたある学生は彼の級友たちに次のように注意を促した：帰属について学んだ後で自分を前と同じように見ることは決してないだろう。
> 　　　　　　(Kay Alderman 1999: ix)

な，可変的で制御可能な要因ではなく，たとえば能力不足のような，不変の，制御の及ばない原因に帰属させることがある。このような観点からすれば，征服不可能な相手と戦っても勝ち目はないのだから，真剣に努力をしないのは理解できることである。帰属理論は我々に「私は数学は駄目――バカだから」のような生徒の発言を理解する助けになる枠組みを提供する。このような発言の背後にあるものを理解することで，否定的な態度を変化させていくことにもなるであろう。

　学習者は，彼らの成功と失敗の原因を主として何に帰属させるのだろう。グレアム（Sandra Graham 1994）の要約によれば，学校の場面でもっとも一般的な帰属は次の7項目である。

・能力
・努力
・課題の難しさ
・運
・気分
・家庭環境
・他者の助け，あるいは妨害

　このなかでも，特に能力と努力の2項目が西洋文化圏ではもっとも強い影響力を持つ原因と考えられてきた。過去の失敗を能力に帰属させる

こと（「私には外国語の素質がない」）はきわめて危険である。ところが、一生懸命やらなかったので実力を十分出し切れなかったと信じることは、建設的な帰属（constructive attribution）である。なぜならば、学習者がここから得る論理的な結論は「今度はもっと一生懸命やろう！」という決意である。

> **なるほど…**
> 煎じ詰めれば、理想的な動機づけの筋書きは、学習者が肯定的な結果は個人的な能力に帰属させ、否定的な結果は修正可能な一時的な欠陥に帰属させることである。
> （Ema Ushioda 1996: 13）

もちろん、成功事例を説明することになれば、これとは全く違った話になる。しゃにむにがんばり続けた（すなわち、努力を傾けた）のでうまくいったと考えるよりも、自分は頭が切れる（すなわち、高い能力を持っている）からと考える方がはるかに良い。

帰属理論は、次の2つの理由から、外国語学習理論にとりわけ強い関連性を持っている。

1. L2学習の失敗はごく普通である：世界中で大勢の人々がかなりの時間をかけて外国語を勉強しているのに、率直に満足できるだけのL2運用水準に達する人は比較的少数に限られている。残念なことに、たいていの人は生涯に少なくとも1つの外国語学習に失敗する（個人的な話になるが、私は英語とドイツ語はかなり成功したが、これを相殺するようにロシア語、ラテン語、スペイン語、ポルトガル語に失敗した）。さらに、成功した学習者であっても、自分が望むほどうまくL2を使えないとき、苛立たしい場面にしばしば遭遇する。失敗はこれほどあたりまえの経験なのだから、この失敗を処理する方法が一般的にきわめて強い影響力を必ず持つことになる。

2. L2を学習する能力は、よく言語適性（language aptitude）と呼ばれ、だれでもよく知っていて、いつも引き合いに出す概念である。このことは、実際は全くそうでない場合でも、「私は外国語のセンスがない」あるいは「私は生まれつきことばの才能がない」といった、容

易に否定的な能力帰属をかき立てることになる。

帰属の訓練は学習者が学習意欲を衰弱させる帰属を行うことを阻止し，否定的な帰属スタイルを変えることを目指す。この基底にある考えは，コビントン（Covington 1998: 75）の要約を借りれば，次のようになる：「学業を中断させるのは失敗の出来事ではなく，むしろ失敗が持つ意味である。かくして，失敗を減らすよりも，教育者は目標に到達できなかったことが学習する意思を高めるきっかけと解釈されるように学校教育を進めるべきである。」実際，失敗をどう考えるかで，自分の学習の士気を高めることもあるし，損なうこともある。したがって，教師の仕事は士気を高めるように万全を期すことである。

● 努力帰属を推進する

動機づけの帰属を高める上で最も重要なことは，短く言えば学習者の努力帰属を奨励せよ，ということになる。この提案の意味は，まず，能力の重要性を強調しないことである（成功したときは別かもしれないが，その場合でも努力も強調すべきだ）。能力に言及しすぎるのは危険である。教室で教師が能力に強調点を置き始めると，必ずこの点で不利になる生徒が出てくる。逆に，努力の役割を強調することは安全である：それは将来の成果を促進し，すべての人にとってそれを得る平等の機会がある。一般的に，努力をさらに重ねることが成功の可能性を高めることになる。このことを学習者たちに信じさせることができれば，彼らは学習につきものの失敗を恐れずに最後までやり抜くであろう。

どのようにしたら努力帰属を奨励できるか。次にいくつかの提案をし

> **なるほど…**
> 成功する見込みがかなりたつまで，生徒が課題で失敗することがないようにしなければならない。もし失敗すれば，彼らは失敗を能力の不足に帰属させざるを得なくなり，そのために努力することをやめてしまうだろう。
> （James Raffini 1993: 107）

たい。

・**努力フィードバックを与える：**

　教師が生徒に与えるフィードバックが努力帰属を推進するためのもっとも効果的な方法である。失敗場面では，一般的に努力不足が成績不振の有力な理由であることを強調するのがよい。こうした指摘は，生徒に努力によって将来，上達できるようになることを伝えることになるからである。生徒が学習にかなり努力を払ったにもかかわらず失敗した場合にはどうなるのだろう。そのような時には，努力は十分な技術と学習ストラテジーで補完する必要があり，それは習得可能であることを強調することも大切になる（Pintrich and Schunk 1996）。

・**能力帰属の受け入れを拒絶する：**

　生徒が能力不足への帰属を口にしたら（たとえば，「外国語は得意でない」など），やさしく，しかし断固としてこの言い訳を受け入れることを拒むことだ。その代わりに，生徒が失敗したのは効果の上がらない学習方法を用い，十分長い間やり抜かなかったためであるという，別の説明を与えるのがよい。また，学校の普通の学習では，すべての教科領域において努力と学習方法を組み合わせることで，能力の低い生徒であってもかなりの程度までどの教科領域も学習可能なことを指摘し，生徒の能力に教師が確信を持っていることを明確にすることも大切である。

・**努力‑結果の連鎖の範例を示す：**

　成功するために，一生懸命努力することで難しい仕事を何とか完成させた個人的な経験を語り，生徒たちからも同じような話を引き出すことだ。努力を重ねて目的を達成した人々のことを書いた実話や伝記を生徒たちに読ませ，後でこのような人物が成功した理由を話し合わせるのもよい。努力帰属の範例を示すもう1つの方法は，さまざまな仕事をやりながら考えていることを声に出して言ってみることである。毎日の授業の最中に失敗したら，頑張って，またもっとよい方法を見つければうまくいく，という確信を範例として示すことも大切である。

・**生徒たちに努力説明を行うように勧める：**

個々の努力の価値を信じることが生徒のことばで生徒自身の口から発せられるならば，それはいっそう確実な動機づけの基礎になる。これはウシオダ（Ushioda 1996）の指摘であるが，正に正鵠を得たものである。生徒を適切に刺激し，支援することで，このような行為を奨励することができる。たとえば，ある言語活動について特に難しかった点，この問題を切り抜けるために使った学習ストラテジー，そしてこの経験から学んだことを説明するように生徒に求めることもできる。

・**努力と根気をクラスの規範にする：**

　ウラッドコースキー（Wlodkowski 1986）が言っていることであるが，努力と根気は，そうした趣旨の話をいつもすることで，教室の気風の大切な要素と見なされるようになる。「あなたの努力している様子が気に入った」あるいは「よく努力したね」のような趣旨の発言は，一般に努力して行うことの重要性を強調し，それを教室の規範にすることに役立つことがある。この規範化の過程で，時々機会を捉えて，失敗を克服し生産的な仕事を行うのに努力と根気が果たす役割について，全体で時間を少しとって話し合うのもよい。根気は最後には功を奏し，誰でも精進すれば成功できることが理解されれば，それはこうした話し合いの副産物として最高である。それでもまだ信用しない生徒がいたら，彼らが努力していることが分かれば，特別援助をしてやることを請合うのがよい。

ストラテジー・31

学習者の中に努力帰属を高める。

〈具体的には〉

31-1．能力不足ではなく，努力と適切な学習方法の不足によって自分の失敗を説明するように学習者に勧める。

31-2．能力帰属の受け入れを拒み，教育課程は学習者の能力の範囲内にあることを強調する。

5.2 動機づけのフィードバックを与える

　成績を除けば（5.4参照），生徒の学習行動にもっとも顕著な変化をもたらすのは，教師が授業中あるいは書面で彼らに与える「フィードバック」である。しかし，動機づけの観点から，あらゆるタイプのフィードバックが等しく効果的であるわけではない。時々，教師が十分注意していないと，教師のコメントが逆効果を招くこともある。教師のフィードバックの意義はすでに何度も指摘したところである。たとえば，第4章4.4では生徒の自信を盛り上げる際の励ましの重要性を検討したし，前節では努力帰属を促進する様々な方法を解説した。しかし，フィードバックにはさらに多くのことがある。

　まず，フィードバックは単にケーキの飾りではないし，ないよりもあったほうがいいオマケでもない。それは学習の本質的な構成要素である。フォード（Martin E. Ford 1992）は，これを「フィードバック原則」（feedback principle）と呼んで，人は適切なフィードバック情報がなければ個人的な目標に向かって進歩し続けることが全くできないことを明記している。フィードバックがなければ，目標は，たとえそれが重要な目標であっても，顕著性と重要性を失い，最終的には棚上げされてしまう。

　動機づけの観点から見た効果的なフィードバックの特徴は何か。ここでは，3点を強調する必要がある。
- 第1に，フィードバックは適切な時期に行えば，満足感を与える機能を持つことがある。すなわち，褒めることでフィードバックは学習者の満足感を高め，学習の士気を高めることができる。この点は本章の後半で扱うことにする（5.

> **なるほど…**
> 　フィードバックなしでは，動機づけの司令部は事実上行動を遮断される——フィードフォワド情報を用いて手先となる兵士が軍の命令を遂行する努力を重ねている様子を推測できるのみである。
> 　　　　　　　(Martin Ford 1992: 210)

3-5.4)。
- 第2に，信頼の気持ちを伝え，励ますことで，フィードバックは学習者の肯定的な自己概念と自信を高めることができる。

> そうだ！
> 　安全な経験則：生徒のいいところを耳にしたらすぐに本人に伝える！

- 第3に，そして，これが本節の焦点になるのだが，動機づけのフィードバックは学習者に改善を要する箇所を建設的に熟考し，学習効率を高めるために自分ができることを確認するように促す。この種類のフィードバックはしばしば「肯定的情報フィードバック」と呼ばれる（Raffini 1993）。

「肯定的情報フィードバック」は，生徒の長所，成績，進歩，態度に関する肯定的で，説明的なフィードバックを指す。もっとも重要なことは，このフィードバックは生徒たちに外部標準や仲間の成績との比較に基いた判断（これが「管理的フィードバック」の特徴である）よりも，情報を提供する点である（なお，Good and Brophy 1994 を参照）。例証すれば，管理的フィードバックでは，例えば，生徒のテストの低得点をクラスの平均点と比較して，みんなに追いつくにはもっと一生懸命勉強する必要があると強調することがある。それに対し，情報フィードバックでは，この得点をその生徒の前の成績と比較し，よい傾向や悪い傾向に言及し，また同時にこのままでいい箇所と進歩をさらに伸ばすために集中すべき箇所をはっきりさせる。情報フィードバックの特に有効な点の1つは，学習者が様々な学習方法をどのようにうまく用いているか，そして彼らの学習方法の活用が彼らの成績をどのように向上させているか，についても情報を提供する場面である。

最後に，フィードバックの効果に関して提案をもう2点行う。
- アリソンも警告していることだが（Alison 1993），授業中のいつもの慌ただしさの中で，あるいは最後まで終えてしまうことに気を取られて，間違いやいたずらを見つけることに気を取られ，教師はよく積極的な発言を見逃すことがある。ところが，動機づけの観点からは，こ

れは避けなければならない。積極的な発言が無視されてしまうと生徒は「どうでもいい」という態度を取りがちだ。これを防ぐには，前向きな発言が少しでも見えないかと絶えず気を配る必要がある。これは，動機づけの基盤が弱い生徒に対してとりわけ大切になる。問題生徒については，彼らの非行の本質を見抜き，教師が受け入れ，支持できる特徴を行動の中に見つけてやらなければならない。

> 逆効果になり，否定的な結果をもたらすことのある教師のフィードバックの3つの型
> ・失敗の後で哀れみの気持ちを伝える。
> ・簡単な課題に成功した後で称賛の言葉をかける。
> ・頼まれないのに与える援助，特に答えをすぐに与えるといった，「よけいなお節介」をする。
> 　　　　　　　(Graham 1994 による)

- フィードバックは，遅れて与えるよりもただちに与えた方がはるかに効果的である。即刻与えれば，学習者は自分の進歩を「その場」で知ることができるからである。これがコンピュータ支援の指導が動機づけに有効な理由の1つである。

ストラテジー・32

肯定的情報フィードバックを学習者に与える。
〈具体的には〉
32-1．学習者の積極的な発言に気づいて，それを取り上げる。
32-2．学習者の進歩の過程と，特に注意を集中すべき箇所について絶えずフィードバックを与える。

5.3　学習者の満足感を高める

私は，自分で何かうまくいかない時よりもうまくいっている時の方が，感情を表すことがずっと少なくなる傾向があることに気づいている。こ

れは他の多くの人にも認められる傾向である。そして，少なくとも私の場合，これは謙遜ではなく，むしろ成功に対して十分な注意を向けていないことの表れである。私は「活動状態」にある時には，前方にのみ目を向けがちで，絶えず近づいてくる難題を監視し，それに対処する方法を編み出している。何かをうまくやり遂げたときには，注意はすでに克服すべき次の障害に注がれているので，精々，僅かな気持ちの高揚で終わる。こうした行動を取る人は多いのではなかろうか。このような課題志向の注意様式の問題点は，我々が成功を祝う気分を経験せずに終わり，味わうことが当然な満足感を大幅に減少させるということである。我々は，やり遂げたことを当たり前のことと見なし，学習機構の中の誤りのみに目を向ける。この結果，学習者は困難が誇張されている歪んだ映像を手にし，そのために自分の成績に満足できず，また，それ故に，肯定的な自己像と動機づけの信念体系を形成できなくなる。称賛と満足感は，動機づけのきわめて重要な基礎である。なぜならば，それは努力の有効性を証明し，全学習過程を肯定し，経験の価値を強化し，そして一般的に最終目標に至る道筋に明かりをいくつも灯してくれるからである。

　上述の点に異論を挟む人は少ないと思う。しかし，我々は絶えず「称賛不足」の状態である。したがって，効果的な動機づけストラテジーは「称賛過剰」にすることである。どうしたらよいか。どうしたら成功を印象深くできるか。おそらく大抵の人が最初に思いつくことは報酬を与えることである。これは意見の分かれる問題であるが，次節で論じることにする。報酬でなければ何があるか。幸いなことに，動機づけのほとんどすべての領域と同様に，次のような多様な手法と方法があるので，この中から選択すればよい。

> **なるほど…**
> 　成功を認めることは幼稚な行為ではない——それどころか，それは我々すべてが人生に期待していることなのだ。それで，賢い教師は，脅迫的にならないようにしながら，このもっとも一般的な人間の願望を十分に活用する。
> (David Scheidecker and William Freeman 1999: 105)

- **生徒の成績をたえず観察し，認めてやる**：生徒の個人的な「一里塚」に気づかないで過ぎることのないように注意する。生徒はみんなに認めてもらうことを歓迎するが，教師が短い個人的な言葉をかけてやるのもよいだろう。生徒の提出物に感想を書き込むのは，このための，目立たないがよい機会になるし，こうした個人的な感想は普通，受け取った人から大変感謝される。
- **時間を取って成功を祝う**：教室で成功と成果を祝うために使った時間は，たいていは有益に使った時間と考えてよい。「どんなに小さくとも，成功はことごとく祝ってやらなければならない」というのが安全な目安になる（Scheidecker and Freeman 1999: 106）。お祝いには教師からの称賛の言葉が含まれることが多いが，教師を嬉しがらせたことではなく，生徒の努力とその成果についての教師の高い評価に集中していれば結構である。拍手や起立して拍手喝采することは，それを受ける生徒が当惑しない限り，素晴らしいことである。
- **定期的に進歩を確認する**：外国語学習は長期にわたる，継続的な過程であり，進歩が際立つことはほとんどない。たとえば，自分の語彙力に新たに500語の新語が加わったとしても，そのことですぐに発表力が劇的に進歩することにはならない。したがって，時々立ち止まって，すでにやり遂げたことを振り返ってみることは価値あることである。
- **学習結果の展示や発表に関連した作業を組み入れる**：ロールプレイ活動や視覚的作品の制作のようなタスクを通して，生徒たちが自然に自分たちのプロジェクトや技能を分かち合い，展示することができる。そして，大勢の注目を浴びて，（できれば）価値を認めてもらうことほど満足感を感じられることはあまりない。
- **進歩を目に見えるものにする**：進歩・達成が認められ，受け入れてもらったら，次にそれを目に見えるものにすることでさらに動機づけを強めたいと願うこともあるだろう。そして，そのためには何らかの視覚的まとめが一番である。たとえば，発表会のアルバム，掲示，学習した内容に印を付けた学習確認表の展示などが考えられる。視覚的

なまとめは生徒の文集の形を取ることもできる。また，学級通信も生徒の多様な作品を掲載する優れた場になる。
・**学習の重要な単元の最後を肯定的な雰囲気で終了するために強化行事を催す**：ウラッドコースキー（Wlodkowsky 1986）が強調するこのストラテジーは，長期にわたる学習過程を意味のある文節に切るもう１つのよい方法であり，最終の行事は大きな単位の学習を無事終了したことを明示し，祝う意味を持つ。「強化行事」は，生徒たちの協力に感謝するような小さな意思表示から，表彰式や学期，学年末パーティのようなずっと大がかりのものまで，幅がある。

ストラテジー・33

学習者の満足感を高める。

〈具体的には〉

33-1．学習者の成績と進歩を観察して，どんな成功でも時間を取って祝う。

33-2．視覚的記録の作成を奨励し，様々な催しを定期的に行うことで学習者の進歩を目に見えるものにする。

33-3．学習者の技能獲得の展示を行うための課題を定期的に組み入れる。

5.4 動機づけを高める方法で報酬と成績評点を与える

　動機づけの様々な手法の概観の締めくくりとして，おそらくもっともよく知られているがもっとも意見の分かれる領域，すなわち，報酬と成績評点の役割を考察する。議論の皮切りに，動機づけ心理学者は総じて，報酬（あるいは成績評点，これは報酬の１つの型である）を好まないことを認めておこう。教師は好んで，よい行いや学業成績に対して報酬も成績評点も気前よく振る舞っているのだから，学者の消極的な態度は一

5.4 動機づけを高める方法で報酬と成績評点を与える

層際立つ。生徒の称賛すべき努力と成績に報酬を与えることは前向きのことであると，ほとんどの教師は感じている。さらに，報酬は驚くほど用途が広く利用価値が高い。詩の暗唱から研究報告の完成に至るまで，どんな教育場面でも多様な課題に対して報酬を与えることができる。そのため，学校では，キャンディのような小さなものから様々なプレゼントや証書，さらにはいろいろな形の等級に至る多くの種類の報酬が用いられる。したがって，このような報酬，特に成績評点は，親や大学入学事務室や人事担当者の絶大な信頼を得る。

上のような長所に対抗して，心理学者のほとんどは，報酬はしばしば動機づけをひどく損うことになると返答するだろう。彼らは，真の動機づけの活動は報酬を与えることによる必要はないと主張するだろう。彼らは報酬をもっとも単純な動機づけの道具であると見なす。報酬は課題とその結果の内在的価値感を高めることはない。また，学習過程，学習環境，学習者の自己概念のような，学習の他の重要な側面に関係することもない。その代わりに，報酬の機能は単に「飴と鞭」で，脅したりすかしたりして課題に取り組ませるだけである。そうすることで，報酬は生徒の注意を課題そのものと学習の本質からそらすことになる。「シェークスピアの劇を1篇やったから報酬のポイントをもらえるという理由だけで，生徒にシェークスピアを読んでほしくない」と理想主義的な動機づけの学者は主張する。そして，続けて次のように言う。「それから，我々は，生徒たちに罰を避けるためにだけ課題をやるようなことをしてほしくない。」しかし，もちろん，現場の教師はこうした懸念に対して次のように即答する：間違いなく，シェークスピアの劇を全然読まないよりも，報酬のポイントをもらうた

> **なるほど…**
> 　報酬と罰は，多くの教師が動機づけの兵器貯蔵庫の中で利用できる唯一の兵器であることがあまりにも多い。この2つの陳腐な作戦は多くの生徒の行動を制御できるが，それを無制限に使えば，制御されている活動と行動に対する内発的動機づけがひどく損なわれることもある。
>
> （James Raffini 1996: 1）

めだけであっても読む方がずっといい。そして，罰を避けるために授業に参加することは，ずる休みするよりもはるかにいい，と。

「報酬についての論争」を，次にもっと詳しく検討しよう。報酬と成績評点の機能，生徒の動機づけに及ぼす影響，そして，もっとも大切なことであるが，動機づけを高めるための活用法を検討する。

> **なるほど…**
> 不適切に刺激を与えることは，学習の場が大部分の生徒の不利になるような，失敗しがちな環境を作りかねない。恐怖が刺激になると，学習というゲームで勝者はほとんどいなくなる。また，その勝者でさえも大きな犠牲を払うことになるかもしれない。
> （Martin Covington and Karen Manheim Teel 1996: 6）

報酬

報酬とは何だろう。それは必要悪か，それとも適切に用いれば有益か。本書の前半ですでに述べたように，理想的な世界では，生徒は生まれつき持っている好奇心と学習過程そのものから得る喜びに駆られて，報酬のような外的な刺激を必要としないだろう。しかし，我々は理想的な世界に生きてはいないし（少なくとも教えていない），そして，実は理想から次第に遠ざかっている教室が多い。こういう状況であるから，報酬は強力な動機づけの道具となりうるし，それを無視することはあまりにももったいない。

まず，報酬の種類にはどんなものがあるだろうか。前節ですでに検討した称賛とお祝い，それに後で別に分析する成績評点を除外したとしても，その多様性はなかなか見事である。

- 品物による報酬：（例）キャンディ，アイスクリーム，その他の消耗品，お金，様々な学校の賞（本，鉛筆，しおり，小さな装身具など）
- 特典，機会：（例）：気に入った活動や物語の選択権，特別の遊び時間，特別の装置（コンピュータなど）や設備（図書館，体育館など）

5.4 動機づけを高める方法で報酬と成績評点を与える

の特別使用許可
- 賞や他の表彰： （例）成績優秀者名簿，掲示板の掲示，ほうび
- 教師による報酬： （例）特別な配慮，個別の関係，特別に一緒に過ごす時間

報酬の潜在的な危険とは何か。心理学の文献で繰り返し指摘されるのは次の3点である。

1．生徒が自分の意志ですでに行っていることに対して報酬を与え始めると，その報酬は既存の動機づけを損なうことがある（Deci and Ryan 1985）。
2．ブロフィが要約しているように（Brophy 1998），課題よりも報酬に気を取られるようになると，課題自体が持つ実際の価値をしばしば見落とす。
3．様々な課題をやることで目立った報酬を提供されると，生徒はすぐに「ミニマックスの原則」（mini-max principle）に負けてしまい（Covington and Teel 1996），最小の努力で最大の報酬を勝ち取ろうとする。

このような問題は克服できないものだろうか。必ずしもそうではない。ある種の環境では，報酬はうまく機能するようである。たとえば，最初は単純に報酬のために課題に着手した者が，個人的にその活動が気に入り，自分の自由意志でそれを続ける，といった筋書きは比較的よくあることである。このことは，報酬が動機づけを支持するか妨害するかは報酬それ自体ではなく，その与え方によって決まってくることを示している。それでは，どうしたら報酬を動機づけに活用できるか。次のヒントはよく話に出される。

- 報酬を過剰に使わない。
- 報酬をあまりまじめに捉えない（私は，いつも大学生や成人の学習者に対してキャンディやクッキーを使ってきた。いずれも大変好評であったが，学生たちは感謝しながらも気晴らしと見なしていた）。
- 報酬が何かずっと目に見えるもので，生徒が家に持ち帰ったり，見せ

155

たりできる特徴も持つようにする（称賛などの品物によらない報酬と一緒に証書やバッジなど）。
- 報酬を生徒にとって意味のあるものにする。生徒自身に報酬を選ばせることで，いっそう確実に実施できるようになる。
- 生徒が課題を完了した段階で，教師の評価を示すために報酬を突然のプレゼントとして与える。
- 生徒に長時間にわたる取り組みと創造性を要求するような複雑な活動に対して報酬を与える。
- 生徒が経験したことのない活動に挑戦したことに対し報酬を与える。そのことによって，その活動を楽しめるようになる。
- （夢中になるように）成功の機会を一貫して，何度も与える活動に参加したことに対して報酬を与える。

ストラテジー・34

動機づけを高めるように報酬を与える。
〈具体的には〉
34-1. 生徒が報酬にあまり夢中にならないようにする。
34-2. 品物によらない報酬でも何か後まで目に見える形を持つものであるようにする。
34-3. 創造的な目標志向の行為を要求し，新しい体験と一貫した成功の機会を提供することで生徒が引き込まれるような活動に参加したことに対し報酬を与える。

● 成績評点

　動機づけ心理学者にとって，「成績評点」は間違いなく「禁句」である。評点は過程よりも結果を重視し，生徒をそれぞれの長所に基づいて受け入れるよりも彼らを比較し，順位づけ，分類することに夢中になっ

ている現代教育の問題点のすべてを象徴した,究極の「悪玉」と見なされる。しかし実際は,教育のどの部分でも最後にものを言うのは評点である。このため,評点はしばしば生徒の頭の中で自己価値と同一視される。すなわち,生徒は自分の価値を学校の成績と同じであり,愛情に溢れ,善良で,勇気に満ちているといった個人的な特徴とは関係ない,と考える(Covington and Teel 1996)。評価は成績本位の社会と学習者中心の指導原理が必然的に衝突する場面である。

教師や研究者からしばしば表明される,点数と評価方法に関する主な懸念を見ることにする(Brophy 1998, Covington and Teel 1996 を参照)。

- よい評点をもらうことが学習自体よりも重要になる。言い換えれば,評点が学習経験から得られるどんな個人的な利益よりも,差し迫った要求に十分に応えていることに学習者の注意が集まりがちである。
- 評点によって学習者と教師は対立する陣営に引き入れられ,そのために,しばしば教師は,現代の学習者中心の原理に従うことが困難になる。
- 学習者は設定された水準に達するような行動を厳しく求められることがあるために,評点は不正行為や学習者の無批判的な追従を助長することがある。さらに,評点はしばしば学力よりも学習者の服従と行儀の良さについての教師の判断を反映する。
- 評点はしばしばきわめて主観的で,しっかりした基準でなされないこともある。たとえば,言語教育の分野では,コミュニケーション能

> **困ったことに…**
> 学校は,生徒を教えることと選別することの2つの機能を果たし,後者の場合,より進んだ指導でもっとも利益を得る可能性のある若者を特定することが期待されている。この機能は,すべての個人を最終的に社会全体で用意された職業――その中の最小のものは名誉ある,また金になるものであるが――にバランスよく配属する大がかりな選別過程の一部である。才能の育成と才能の選別は本質的に相容れない目標であり,教師は両者に挟まって身動きがとれない。
> (Martin Covington and Karen Manheim Teel 1996: 37)

力のいくつもの決定的に重要な領域（例えば，語用論の知識やストラテジー能力など）を測定するための標準化された評価手法が欠けているため，テスト得点がこの能力のレベルを反映することはまれである。

> 困ったことに…
> 確かに，多くの生徒は点取り虫とは言わないまでも，評点に駆られている。そして，この傾向は驚くほど幼い時期に始まる。
> 　　　　(Martin Covington 1999: 127)

- 評点は，強者がより強く，弱者がより弱くなることから，社会的な不平等をより深刻なものにしがちである。
- 評点は，学習者の注意を努力よりも能力に向けさせる。
- 評価されていることを知ることで学習者の不安が増大する。

かなり思い切って「評点叩き」をやったので，今度は現実に戻って，評点が動機づけに及ぼす悪影響のいくつかを取り除くのに何ができるかを調べることにする。何と言っても，少なくともしばらくは，評点はこれまで通り動かしがたい現実としてあり続けるだろう。親は評点を期待し，教育機関はそれを求め，大学入学担当官は評点に頼り，そして，一般的に社会は評点を用いて，持てる職業的資源と出世コースを多様な志願者に分配する。コビントン／ティール（Covington and Teel 1996: 43）の結論に従えば，「教師はそのような定着した伝統を拒むことなどできたものではない。評点と等級づけはこれからもなくならない。」

等級づけ（grading）はこれまでほとんどの教育者にとって大きな関心事であったので，考えられる改善措置の一覧表が大部になっても驚くに及ばないであろう。しかし，同時に，こうした提案の中で，我々のおかれた特別な教育環境に特に関連が深い，あるいは適用可能なものになるのは，ごく僅かな部分に限られることは大いにあり得ることである。ともかく，次に改善方法の一覧表を掲げ，選択の参考に供したい。

- 評定システムは，完全に透明なものにしなければならない，すなわち，最初から成功の基準をはっきりさせる必要がある。模範的なパフォー

マンスがどんなものかを例で示すことで，見本をいくつも生徒に示すこともできるだろう。これとは別に，あるいはこれに加えて，生徒に評価基準の一覧表を使う練習をさせて，課題について自己評価させることもできるだろう。
- 文字を用いた宿題を採点する際に，称賛と改善の方法を伝えるコメントを使って評点を補充する。このようなメモは個人的なコメントを与え，援助を提供する理想的な機会となる。
- 評点はまた，外部基準と比較しての生徒の達成水準だけではなく，むしろ生徒の比較的な進歩を，できる限り，反映すべきである。具体的には，例えば，生徒が宿題をやり直したり，やらなかった部分を埋め合わせたり，修正フィードバックを得た後で誤りを正したりした時は，「向上点」を与えることもできる。ブロフィが強調していることだが（Brophy 1998），不合格になる生徒に対して，評価に何らかの「安全策」を常に組み入れておくべきである。例えば，復習と再学習の期間後に別のテストを受ける機会を設定することを考えてもよいだろう。
- わずか1，2回のテストだけの結果に頼るよりも，学期を通して評価の進行中に生徒を関与させる。評価には授業やプロジェクトへの参加も含めるべきである。ポートフォリオ評価 (portfolio assessment) のような代替測定装置は，継続的評価の目的に特に適しているとも言える。ポートフォリオとは，生徒の進歩を時間を追って明らかにするために，様々な作品を整理してまとめて書類挟みに入れたものを指す。ポートフォリオ評価のもう1つの長所として，学習者が自分のポートフォリオに何を含めるか，ある程度自分の思い通りに決めることができ，教師や仲間のフィードバックに呼応して作品に手を加え改善できる点がある。
- 教師評定は生徒の自己評価によって補足する必要がある。この趣旨で，生徒に様々な自己評価表を与えて，生徒が自分の学習を自ら正直に評価できることを教師が信頼している旨を伝える（表9は，大学のライティングの授業で学生の最終評点を決めるために用いた自己評価表の

例である)。
- 適切な場面で，仲間同士による評点方式（peer grading）（すなわち，どんな場面で生徒が相互評価を行うか）の開発を考える。
- 生徒の最終評定は，双方向の交渉の産物であるべきである。たとえば，個別面接や生徒との話し合いで各生徒の意見を求める。
- 評定は両面的，すなわち，学期末のアンケートに答えるなどして，生徒も教師を評価すべきである。

> **教師の願い**
> 生徒に次のように考えるよう奨励する：教師が生徒と手を携えてテストの準備をするのであって，テストと手を携えて生徒に圧力をかけたり脅したりしているのではない。　　(Jere Brophy 1998: 69)

表9　自己評価法の例

```
適当な項目を○で囲んであなた自身に関する次の問に答えて下さい
1．私は雰囲気を和らげたり，会話の口火を切ったことがある。
                                     はい　　いいえ
2．私は宿題を提出してきた。           すべて　ほとんど　少し
3．作文はすべてファイルに保存してある。 はい　　いいえ
4．授業中，積極的な役割を果たした。   5　4　3　2　1
5．ペア・グループでは，「書記」や「スポークスマン」を，また大きな
   集団では「笑い物」の役を買って出た。 何度も　2回　1回かゼロ
6．宿題の評点などはたいてい，        5　4　3　2　1
7．授業を何回休んだか。              0　1　2　3　4　それ以上
8．今期のライティングを私の努力と成績に基づいて，自己評価すると，
                                     5　4　3　2　1
```

ストラテジー・35

動機づけを高める方法で評点を用いる。評点の持つ動機づけを失わせる衝撃をできる限り少なくする。

〈具体的には〉
35-1. 評価方式を完全に透明にする，そして生徒とその仲間も自分たちの見方を表明できるしくみを組み入れる。
35-2. 評点も単に客観的な成績のレベルにとどまらず，努力と進歩も確実に反映するようにする。
35-3. 筆記テスト以外の測定法も使用した継続評価を用いる。
35-4. 様々な自己評価法を提供することで，正確な生徒自己評価を推し進める。

終わりに 動機づけ重視の指導実践を目指して

　「もし，この章を読み始める前に本書の他の部分を通読していたとしたら，動機づけの話題が思っていたよりもずっと複雑であると感じているかもしれない。あまりにも多くの原則を，自分自身の指導に組み入れるべきであると思い込み，おじけづいてしまっているかもしれない。これは理解できることだ。」(Brophy 1998: 254)

　これまで，広範囲の有効な動機づけストラテジーを概観してきたので，いよいよ，動機づけを重視した教育実践を確立するもっともよい方法が何であるかという，決定的な問題に取りかからなければならない。これは重要な問題である。なぜならば，1つのことがかなりはっきりしているからである。本書のストラテジー1から始めて，ストラテジーの長いリストを体系的に進めていくやり方は，ほとんどの読者にとって最適とは言えないだろう。教室内には，言語内容，教授法，時間調整，管理，しつけなど，注意を払うべきことがあまりにも多くあるので，我々の多くにとっては，もう1つの重い「負担」を担うこと——つまり，絶え間なく「動機づけを喚起し続けること——は高すぎる要求かもしれない。では，我々はどうすればいいのか？

● 動機づけを高めるのに適切な人

　教育の集団心理学の概論書において，マデレン・エアマン

(Madeline Ehrman) と私 (Ehrman & Dörnyei 1998) は，教師のある種の機能を理解するのに有益だと判断した概念として，D.W. ウィニコット (D.W. Winnicott 1965) の「適切な母親」(good enough mother) の概念に言及した。ウィニコットの概念は多くの心理学者によって取り入れられ，ブルーノ・ベッテルハイム (Bruno Bettelheim 1987) がそれを育児一般に拡大して，*A Good Enough Parent*（『適切な親』）という題の本を執筆した。「適切な親」の概念とは，子どもの精神を健全なものとするために，親が完全無欠である必要はないということである。その代わりに，健康的な発達のために最小限の支援が必要になる。共感的理解，安心，保護，そしてもちろん愛が含まれる。言い換えれば，「適切な育児」は，一定の基準以上の良質な育児を行える親である必要はあるが，必ずしも「超人的ママ」や「超人的パパ」になる必要はない。

「適切な」のたとえに従えば，教師は「動機づけを超人的に引き出す人」となることをむやみに目指すのではなく，「動機づけを高めるのに適切な人」(good enough motivators) になることを目指すべきであるというのが，私の信念である。本書で紹介したアイディアを見るときに，まともな仕事をするためにはそれらすべてを適用しなければならないとは，一瞬たりとも考えないでほしい。そんなことは誰もできないと思う。個人的には，私はこれまでに議論してきたストラテジーの長いリストのほんのごく一部だけを，一貫して使ってきた。我々が必要としているのは，量ではなく質である。教師と学習者の両者に合った少数の厳選されたストラテジーは，全体的に前向きな動機づけの風土を教室内に作りだ

適切な親について…

　子どもをうまく育てるためには，人は，子どもに完璧な存在である（になる）ことを期待しないのと同様に，自分が完璧な親になろうとすべきではない。完全というのは，普通の人間に手の届く範囲のものではない。それを得ようとする努力は，自分の子どもを含めて他者の不完全さに対する寛大な対応を概して妨げる。しかし，その寛大な反応だけが良好な人間関係を可能にするのである。

(Bruno Bettelheim 1987: ix)

し，教師を「動機づけを高めるのに適切な人」の基準を超えた世界に導くかもしれない。最も動機づけを高めるのに長けている教師は，多くの場合，少数の基本的な手法に依存しているのだ！

● 段階的アプローチ

　私が提案するのは，段階的なアプローチである。次ページ以降の表に，これまでの章で枠に囲んで示した，すべてのストラテジーを列挙した。このリストを用いて，以下の段階を追うことができる。
- 第一段階として，リストをすべて見渡して，すでにあなたの指導に取り入れられている動機づけストラテジーの「指導に取り入れている」の欄に印をつける。
- 印をつけた領域について本書の関連部分を調べ，授業中にその動機づけ実践をより体系的かつ多様なものにして強化する。
- あるいは，過去の指導実践でまだ取り入れていないが，自分にも生徒にも効果があるかもしれないと感じるストラテジー領域に，注意を向けたくなるかもしれない。授業で試そうと思う具体的な手法を，1つか2つ（それ以上はだめ）選択しよう。一度それを試みたら，「試みた」の欄に印をつけよう。もしそれが効果を挙げたら――つまり，自分がそのストラテジーの成果に満足し，生徒が十分に良好な反応を示したら――「指導に取り入れている」の欄に印をつけることができるくらいに自動化するまで，他の授業でも同様にそのストラテジーを適用し続けよう。
- しばらくしたら，他の動機づけ領域に注意を向けて，別のストラテ

> **そうだ！**
> 　本書で提案されているストラテジーを実行するのには時間を要する。いくつかを数名の生徒に試してみて，どうなるか見てほしい。もしそのストラテジーが有益だと考えたら，そのストラテジーをより多く活用する方法が見つかるであろう。そして，その成功が同僚たちの手本にもなる。

ジーを試みる準備ができているかもしれない。しかしながら，「動機づけを高めるのに適切な人」は無理をしないということを忘れないようにしよう。そして，コビントン／ティール（Covington & Teel 1996: 98）が述べるように，「幸運なことに，小さな変化でも早くから着手すれば，教師の志気と同様に生徒の動機づけと学習に，いずれかなりの変化をもたらすことができるのである。」

幸運と数多くの印（tick）がもたらされることを祈っています！

動機づけの基礎的な環境を作り出すストラテジー	試みた	指導に取り入れている
1．扱う教材に対する自分の熱意と，それが自分に個人的にどんな影響を及ぼしているかについて，実例を挙げて説明し解説する。		
1-1．L2に対する自分の個人的な興味を生徒と共有する。		
1-2．満足感を生み出し，生活を充実させる意味のある経験として，自分がL2学習を大切にしていることを生徒に示す。		
2．生徒の学習を真剣に受けとめる。		
2-1．生徒に教師が彼らの進歩を気にかけていることを示す。		
2-2．学習のどんなことについても，いつでも快く相談に乗ることを伝える。		
2-3．生徒が達成できることに関し，十分高い期待値を持つ。		
3．生徒と個人的な関係を築く。		
3-1．教師が生徒たちを受容し，また気にかけていることをはっきり示す。		

終わりに　動機づけ重視の指導実践を目指して

	試みた	指導に取り入れている
3-2．生徒の一人一人を気にかけ，また彼らの話に耳を傾ける。		
3-3．気軽に，どこでも教師と常に接触できることを伝える。		
4．生徒の親たちと協力関係を築く。		
4-1．親に子どもの進歩について定期的に知らせる。		
4-2．家庭での一定の支援的な作業を行うことに親の助けを求める。		
5．教室に楽しく，支持的な雰囲気を作る。		
5-1．許容基準をしっかり決める。		
5-2．間違いを恐れずにやることを勧め，間違いは学習の自然な一部であると思わせる。		
5-3．ユーモアを取り入れ，また勧める。		
5-4．生徒の好みに応じて，教室環境を生徒の考えるように整備することを勧める。		
6．集団の結束強化を促進する。		
6-1．相互交流，協力，そして生徒間の本物の個人的情報の共有を促進する。		
6-2．最初の授業に緊張を解きほぐす活動を用いる。		
6-3．定期的に小集団活動を実施して，生徒たちがうまくとけ込めるようにする。		
6-4．課外活動や遠足を勧めたり，できれば計画する。		
6-5．決まった座席に固定しないようにする。		
6-6．全体で取り組む課題を成功させたり，小集団対抗の競技を伴う活動を組み入れる。		
6-7．集団ロゴの制定を勧める。		

	試みた	指導に取り入れている
7．はっきりとした形で集団規範を作成して，生徒たちと話し合い，彼らに認めてもらう。		
7-1．集団結成の始めに規範をはっきりと作るために，具体的な「集団の決まり」を考える活動を組み入れる。		
7-2．教師が指定する規範の重要性と，その規範によって学習が向上することを説明し，生徒の同意を求める。		
7-3．生徒たちからさらなる決まりを引き出し，教師が提案した決まりと同様に話し合う。		
7-4．集団の決まり（および，それを破った場合の処置）を掲示する。		
8．集団規範をしっかりと守らせるようにする。		
8-1．教師が必ず，決められた規範に自らしっかりと従うようにする。		
8-2．どんな規範違反でもうやむやに済ますことはしない。		

学習開始時の動機づけを喚起するストラテジー	試みた	指導に取り入れている
9．仲間のお手本を見せることで，言語に関連する価値観を高める。		
9-1．年長の生徒をクラスに招いて，彼らの肯定的な体験を話してもらう。		
9-2．生徒たちに彼らの仲間の考えを学級通信などで知らせる。		
9-3．担当する生徒たちを，教科に熱心に取り組んでいる（集団活動やプロジェクトの）仲間に加える。		

終わりに　動機づけ重視の指導実践を目指して

	試みた	指導に取り入れている
10．L2学習過程に対する学習者の内在的な関心を高める。		
10-1．生徒が楽しみそうなL2学習の側面を強調し，実演してみせる。		
10-2．L2との最初の出会いを肯定的な経験にする。		
11．L2とその使用者，また外国らしさ全般に対する肯定的で開放的な気質を育てることで，「統合的」価値観を高める。		
11-1．外国語シラバスに社会文化的要素を組み入れる。		
11-2．影響力の強い著名人の言語学習についての肯定的な見解を引用する。		
11-3．L2社会を（インターネットなどを使って）自分で探索するように生徒に勧める。		
11-4．L2使用者とL2文化財との触れ合いを多くする。		
12．L2の知識と結びついた道具的価値観に対する生徒の理解を高める。		
12-1．生徒たちに，L2をしっかり身につけることが彼らの重視している目標の達成に役立つことを常に意識させる。		
12-2．世界におけるL2の役割を絶えず指摘し，生徒自身にとってもまた彼らの社会にとっても，それがきっと役に立つことを強調する。		
12-3．生徒たちに実生活の場面でL2の知識を使ってみるように勧める。		
13．特定の課題および学習全般に関する生徒の成功期待感を高める。		
13-1．生徒が十分な準備と支援を必ず得られるようにする。		

	試みた	指導に取り入れている
13-2. 生徒が課題の成功には何が必要とされるか正確に知るようにする。		
13-3. 成功を阻む重大な障害が存在しないようにする。		
14. 生徒の目標志向性を，彼らが認める教室目標を明確に定めることで高める。		
14-1. 生徒たちに個人的な様々な目標を話し合わせ，共通する目標の概要を議論させて，最終的な結論を公に示す。		
14-2. 時々，教室目標とそれを達成するために特定の活動がどのように役立つかに注意を引く。		
14-3. 教室目標を，必要ならば再調整することで，達成可能な状態にしておく。		
15. 教育課程と教材を，学習者に関連の深いものにする。		
15-1. ニーズ分析の手法を用いて，担当する生徒のニーズ，目標，そして関心について理解し，次にこの知見をできるだけ多く自分の指導計画の中に取り入れる。		
15-2. 指導内容を生徒の日常体験と背景に関連づける。		
15-3. 授業の計画と運営に生徒の協力を得る。		
16. 現実的な学習者信念を作る手助けをする。		
16-1. 学習者が持っているかもしれない誤った信念，期待感，想定に明確に対応する。		
16-2. 言語を学ぶ様々な方法と成功に寄与する多くの要因に関する，学習者の一般的な理解を深める。		

終わりに　動機づけ重視の指導実践を目指して

動機づけを維持し保護するストラテジー	試みた	指導に取り入れている
17．教室内での活動の単調さを打破することによって，学習をより興味深く楽しいものにする。		
17-1．学習タスクやその他の指導にできる限り変化を持たせる。		
17-2．授業内で，情報の流れだけでなく動機づけを高める流れに焦点を当てる。		
17-3．時には生徒が予期しないことをしてみる。		
18．タスクの魅力を増すことにより，学習を学習者にとって興味深く楽しいものにする。		
18-1．タスクを挑戦的なものにする。		
18-2．タスクの内容を生徒の自然な興味に合わせ，もしくは目新しく，興味深く，エキゾチックで，ユーモラスで，競争的で，空想的な要素を取り入れることにより，より魅力的なものにする。		
18-3．学習タスクを個別化する。		
18-4．目に見える完成品を作り出すタスクを選択する。		
19．学習者をタスクへの積極的な参加者となるように求めることにより，学習を興味深く楽しいものにする。		
19-1．個々の参加者の知的および（または）身体的な関与を要求するタスクを選択する。		
19-2．すべての生徒のための具体的な役割と個別の課題を作り出す。		
20．動機づけを高める方法でタスクを提示し，実施する。		
20-1．タスクの目的と有用性を説明する。		
20-2．タスクの内容についての生徒の興味を引き出す。		

	試みた	指導に取り入れている
20-3．タスクを遂行するための適切なストラテジーを提供する。		
21．教室で目標設定の手法を用いる。		
21-1．学習者が自分で具体的で短期の目標を選択することを奨励する。		
21-2．目標達成の締め切りを重視し，継続的にフィードバックを与える。		
22．生徒の目標に向けた情熱を形式化するために，生徒との契約手法を用いる。		
22-1．生徒が学ぶ内容と方法，そして教師が生徒を助け報酬を与える方法を具体的に示した詳細な契約書を，個々の生徒もしくは集団全体と共に作成する。		
22-2．生徒の進歩をモニターし，契約の詳細が間違いなく双方から観察されるようにする。		
23．学習者に定期的な成功経験を与える。		
23-1．言語教室で，多様な成功の機会を与える。		
23-2．課題の難易度を生徒の能力に合わせ，要求の厳しい活動と処理しやすい課題のつり合いを取る。		
23-3．学習者ができないことではなく，できることに焦点を当てたテストを作成する。そして，改善のための方法も盛り込む。		
24．定期的に励ましを与えることにより，学習者の自信を育む。		
24-1．学習者の注意を，彼らの長所と能力に向けさせる。		
24-2．教師が，生徒の学ぶ努力や課題を完結する能力を信じていることを，生徒に知らせる。		

	試みた	指導に取り入れている
25. 学習環境において不安を誘発する要素を取り除き，あるいは緩和することによって，言語不安を軽減することを支援する。		
25-1. 目立たない方法であっても社会的比較は避ける。		
25-2. 競争ではなく協調を促進する。		
25-3. 学習過程の一部として間違いをするという事実を，学習者が受容するのを支援する。		
25-4. テストや評価を完全に「透明な」ものにし，生徒との交渉も最終的な評点に加える。		
26. 学習者に多様な学習ストラテジーを教えることにより，自己の学習能力に対する自信を構築する。		
26-1. 新教材の摂取（intake）を促進する学習ストラテジーを生徒に教える。		
26-2. コミュニケーション上の困難を克服するのを手助けする，コミュニケーション・ストラテジーを生徒に教える。		
27. 学習者が学習課題に取り組んでいる時に，肯定的な社会的心象を保持することを可能にする。		
27-1. 参加者に「優れた」役割が与えられる活動を選択する。		
27-2. 学習者に恥をかかせる批判や，いきなり脚光を浴びせるような，面子を脅かす行為を避ける。		
28. 学習者間の協力を促進することにより，生徒の動機づけを高める。		
28-1. 学習者のチームが，同じ目標に向かって一緒に作業することが求められるようなタスクを設定する。		

	試みた	指導に取り入れている
28-2. 評価の際に，個人の結果だけでなくチームの結果を勘案する。		
28-3 チームでいかにうまく作業するかを学ぶために，何らかの社会的訓練を生徒に与える。		
29. 学習者自律性を積極的に促進することにより，生徒の動機づけを強化する。		
29-1. 学習過程のできる限り多くの側面について，学習者が真の選択をすることを許容する。		
29-2. 様々な統率や指導の役割と機能を，できる限り多く学習者に譲渡する。		
29-3. 支援者の役割を取り入れる。		
30. 学習者の自己動機づけ能力を強化する。		
30-1. 学習者の自己動機づけの重要性に対する意識を高める。		
30-2. 以前に有効だと考えたストラテジーを互いに共有する。		
30-3. 学習者に自己動機づけストラテジーを取り入れ，作り出し，適用することを奨励する。		

肯定的な自己評価を促進するストラテジー	試みた	指導に取り入れている
31. 学習者の中に努力帰属を高める。		
31-1. 能力不足ではなく，努力と適切な学習方法の不足によって自分の失敗を説明するように学習者に勧める。		
31-2. 能力帰属の受け入れを拒み，教育課程は学習者の能力の範囲内にあることを強調する。		
32. 肯定的情報フィードバックを学習者に与える。		

終わりに　動機づけ重視の指導実践を目指して

	試みた	指導に取り入れている
32-1．学習者の積極的な発言に気づいて，それを取り上げる。		
32-2．学習者の進歩の過程と，特に注意を集中すべき箇所について絶えずフィードバックを与える。		
33．学習者の満足感を高める。		
33-1．学習者の成績と進歩を観察して，どんな成功でも時間を取って祝う。		
33-2．視覚的記録の作成を奨励し，様々な催しを定期的に行うことで学習者の進歩を目に見えるものにする。		
33-3．学習者の技能獲得の展示を行うための課題を定期的に組み入れる。		
34．動機づけを高めるように報酬を与える。		
34-1．生徒が報酬にあまり夢中にならないようにする。		
34-2．品物によらない報酬でも何か後まで目に見える形を持つものであるようにする。		
34-3．創造的な目標志向の行為を要求し，新しい体験と一貫した成功の機会を提供することで生徒が引き込まれるような活動に参加したことに対し報酬を与える。		
35．動機づけを高める方法で評点を用いる。評点の持つ動機づけを失わせる衝撃をできる限り少なくする。		
35-1．評価方式を完全に透明にする，そして生徒とその仲間も自分たちの見方を表明できるしくみを組み入れる。		
35-2．評点も単に客観的な成績のレベルにとどまらず，努力と進歩も確実に反映するようにする。		

	試みた	指導に取り入れている
35-3. 筆記テスト以外の測定法も使用した継続評価を用いる。		
35-4. 様々な自己評価法を提供することで，正確な生徒自己評価を推し進める。		

● 経験を共有しよう

　動機づけストラテジーの研究は，L2教育においていまだほとんど未踏の領域である。創造的な手法を用いることによって，生徒の動機づけが意識的に高められることに疑いの余地はないが，このことがどうしたら生じるのか，またその理論の詳細について，我々が知らないことがあまりにも多い。それ故，皆さんが自分自身の関連する経験を我々と共有してくれるようお願いしたい。私は，特定の動機づけストラテジーが，皆さんの授業で効果を発揮したこと（もしくは効果を発揮しなかったこと）の報告を受けることに大変関心をもっている。実際の教室経験には重要な教育的価値があるので，私は皆さんからの報告を，ワークショップや学会発表などの様々な公開討論の場で，他の教師と共有する努力を順に展開していくつもりである。各々の報告の出所を確認することができるように，学習者集団（年齢，母語，習熟度，クラスサイズなど）の一般的な特徴を含めて，担当している言語コースの種類を明記するようお願いしたい。氏名の公表の可否は，本人の決定に全面的に従う。匿名を希望し，内容の一部を秘密にしたい場合には，その旨伝えてほしい。ぜひご協力下さい。

ゾルタン・ドルニェイ（Zoltán Dörnyei）
zoltan.dornyei@nottingham.ac.uk

訳者補遺 動機づけを高める英語指導　実践事例

1. はじめに

　大学院修了後,希望に燃えて赴任した高校で初めて授業を行ったのは,副担任となった2年生のクラスでのことだった。英語が嫌いで苦手な生徒が多いことを聞いていたので,まずは楽しい活動で1年を始めようと考えた。そして,TPR (Total Physical Response) と単語のビンゴゲームを,緊張をほぐす活動 (50ページ参照) として行うことに決めた。この2つの活動は教育実習で何度か中学生に指導したことがあり,少しは自信があった。

　初めての授業が始まり,簡単な自己紹介を英語で行った後でTPRを始めた。しかし…。私の指示に反応してくれる生徒は皆無であった。仕方なく途中であきらめて,単語のビンゴゲームに移った。しかし,この活動中も終始しらけた雰囲気であった。そして,気持ちを入れ替えて次の活動説明を始めようとしたその時,突然1人の生徒が立ち上がり,鞄を持って教室から出て行こうとした。席に戻るように諭すと,アルバイトがあるから行かなければならないと言う。私は「ここで断固たる態度で臨まないと生徒に甘く見られる,最初が肝心だ」と思い,きっぱりと「席に戻りなさい」と再度促した。するとその生徒は私に顔を近づけて大きな声で言った。「うるせーんだよー,てめー。むっかつくぞー。」そ

して，教室を後にしてしまった。(顔から火が出るほど恥ずかしい思い出である。)

　私はそれ以降，悪戦苦闘の毎日であった。時と共に少しずつ状況は改善してきたが，それでも，私が授業を始めても平気でイヤホンを耳に当てて音楽を聞き続ける生徒や，少し目を離せば膝上に置いた漫画本を読み始めるような生徒は常にいた。

　ある時，米山先生の研究室に伺い，私の惨状を訴え，いかに生徒の行動が乱れていて不真面目かを力説した。すると先生は「もっと生徒のことをしっかり考えてあげなければだめだ。生徒が真面目に取り組まない理由を落ち着いて真剣に考えなさい。」とおっしゃって，その場である論文を手渡してくださった。それが，本書の原著者である Zoltán Dörnyei の "Motivation and Motivating in the Foreign Language Classroom"（18〜19ページおよび参考文献を参照）であった。

　この論文を読み，目の覚める思いがした。そこには L2 教室における動機づけの具体的な手法が列挙されていた。そして，その中で私が指導に取り入れている手法はごくわずかであったのである。この時以来，英語指導に動機づけの手法を積極的に取り入れることを決意し，文献で具体的な手法を見つけては試すことを繰り返した。中にはうまく機能しなかったものもあるが，生徒との相互交流やタスクの運営などに動機づけの工夫を少し加えるだけで，生徒の英語学習への取り組みによい変化をもたらすことができることを次第に理解できるようになった。

　動機づけを重視した英語指導の実践を試みてから10年以上になる。最初の数年間は，とにかく文献などから学んだ手法を無計画にまねることだけで精一杯であった。しかし，しばらく実践を重ね，さらに本書を繰り返し読み返す中で，少しずつではあるが動機づけの理論や手法を整理し，体系化できるようになってきた。新卒で右も左もわからぬまま教壇に立ち，まともな英語指導をできずに生徒たちに迷惑をかけていた一教師が，英語学習動機づけの手法に支えられながら，少しずつ前進してきた一事例として，また，本書で説く動機づけストラテジーの実践例と

してお読みいただければ幸いである。

なお，以下の記述は，できるだけ本書の構成に沿うように整理したものである。また，カッコ内に示されているストラテジー番号は，本書165～175ページの動機づけストラテジーの一覧に示されている番号を指す。

2. 高等学校での実践

中学時代に英語学習に失敗し「学習された無力感」(141ページ参照)に陥った状態で入学してくる生徒が多かった。原著者も指摘しているが，この状況に陥った学習者のやる気を回復することには困難を伴う。しかし，「無力感」の強い学習者集団を目の前にして教師も無力感に陥り，生徒たちを「低学力と低期待値の下方螺旋」(40ページ参照)に追いやってしまえば，生徒の英語学習に対する意識を改善することはできない。そこで，指導技術は拙くても，生徒の英語学習に対する意識を改善するために，できることは何でも試すという強い決意 (**ストラテジー2-1，2-2**) だけは持ち続けることを決意した。以下，試みた手法を本書の「動機づけを高める指導実践」(32ページ参照) に当てはめて振り返る。

(1) 動機づけの基礎的な環境を作り出す

・**教師自身の英語学習に対する姿勢**：

「先生はなぜ英語が好きになったのですか？」「先生はなぜ英語教師になったのですか？」「私はなぜ英語を勉強しなければならないのですか？」この類の質問を何度も受けた。しかし，私は言葉だけで生徒の動機づけを喚起する技術を備えていなかった。そこで担当するクラスの年度初めの授業で，私が英語を好きになるきっかけとなった歌を聞かせた。そして，その歌の意味を知った時の感動や，歌詞を見ながら何度も歌を口ずさんでいる内に，いつの間にかすべて覚えてしまっていた時の驚きを話した。さらに，同じような感動や驚きを生徒が経験できるようにす

ることが私の目標の1つであると伝えた（**ストラテジー1-1**）。
・**具体的なデータを示して成功への期待値を高める**：
　課題に取り組ませる際，根拠もなく「がんばればうまくいく」と激励しても自信を失っている生徒の心には響かない。そこで，成功できると主張するときにはその根拠を具体的に提示するよう心がけた（去年のクラスでの英検3級の合格率は80%以上だった，去年のクラスでは全員，ALTの先生から音読のA評価をもらったなど）（**ストラテジー2-3**）。
・**保護者の支援**：
　毎日音読をする課題を課していること，「英検」の受験を強く推奨していること，教師が生徒の上達を強く願っていることなどを記した，保護者向けの便りを配布した。生徒を通じてなので，保護者まで届かないケースもあったようであるが，一部の保護者は音読練習や「英検」の受験を生徒に促してくれたようである（**ストラテジー4-2**）。
・**集団の決まり**
・授業中にガムを嚙む生徒や居眠りをする生徒，音楽を聞く生徒，さらには理由もなく授業を頻繁に欠席する（サボる）生徒が後を絶たない状況であった。しかし，教師が評価を振りかざしてこれらの行為を止めさせようとしても，すでによい成績をとることをあきらめてしまっている生徒の心には響かないことがわかった。そこで，クラス規則を作り（私の独断で），規則に反する行為を重ねた生徒に対する罰を生徒に提案してもらった（**ストラテジー7-1**）。掃除，授業の号令，黒板消しなどが主な罰であった。残念ながら，この罰則によって生徒の行動に大きな改善をもたらすことはできなかったが，罰則として与えられた作業には元気よく素直に取り組んでくれることが多かった（**ストラテジー8-2**）。

(2) 学習開始時の動機づけの喚起
・**英語学習意識調査**：
　生徒の英語学習に対する意識を知るために，文献を参考に作成したアンケート調査を実施して分析した（**ストラテジー15-1**）。英語ぎらいの

理由や英語学習に熱心に取り組めない理由を以前は漠然としか捉えることができなかったが，この実態調査のおかげでそれを具体化することができ，そのことが動機づけを喚起する具体的方策に繋がった。たとえば，後述する英語学習法講座はこの実態調査結果を受けたものであった。

・授業評価：

　教師が常に指示を出し生徒はそれに従うという一方通行の指導では，生徒は不満に思うであろう。生徒が授業に対して意見を表明し，それが実際に授業に反映されるようになれば，生徒はより積極的に授業に参加してくれるのではないかと考えた。そこで担任をする教室の前方に「質問・苦情箱」を設け，さらに週に1回，生徒に教師評価をさせた（**ストラテジー15-3**）。そして，生徒のコメントは些細なことでも授業中に紹介するようにした。最初は遠慮がちだった生徒も，自分の意見が取り上げられることを理解すると，次第に積極的に「批判」してくれるようになった。「○○さんばかり見ている。好きなのですか」「今日の服は似合いません」というような授業内容と直接関係のないコメント（この類のコメントが圧倒的であったが）は，「雰囲気作りの活動」（87ページ参照）としての役割を果たした（**ストラテジー17-2**）。授業内容や英語に関する質問には，できる限り時間を割いて皆で考える雰囲気を作り，学習の協同性を高めることを狙った（**ストラテジー25-2**）。

・L2社会の人々との接触：

　英語学習の目的を見出せないでいる生徒には，英語話者と英語での交流体験を繰り返させることが，英語学習を現実的なものにする最も有効な方法の1つであると考える。しかし，ALTとのティーム・ティーチングのみでは不十分である。そこで，学生時代から付き合いのある新潟在住の外国人や，国際交流業務に携わっている知人に支援を依頼した。授業への参加（学校長の許可をとって），生徒へのビデオレターの作成（母国のことを紹介してもらう），母国の音楽CDや雑誌の提供などをすべて無償で引き受けてもらった（**ストラテジー11-4**）。この実践には英語学習をより現実的なものにすることの他に，教師が様々な言語圏の

人々と英語で楽しく交流する姿を示すことにより，英語の役割や英語が使えることの有用性を理解させることも意図していた（**ストラテジー12-2**）。

・課題をこなすのに障害となる要因を確認する：

　家庭学習の習慣が十分に確立されていない生徒や，１つ１つの課題をこなすのに多くの時間を費やさなければならない生徒は，複数の宿題を同時に課されると処理しきれず，結局どの宿題にも手をつけられずに終わってしまう場合がある。そこで，少し量の多い宿題を課す前には，他教科で負担の大きい宿題が課されていないか確認することを心がけた（**ストラテジー13-3**）。

(3) 動機づけの維持と保護

・タスクの導入の工夫：

　英語学習タスクを行う際に，導入段階で生徒のそのタスクに対する興味を引き出す工夫を怠ったために，タスクの途中で活動を拒否する生徒や，タスクとは無関係な行動を始める生徒が出てきてしまうことが最初はよくあった。その結果，活動をうまく完結できず，生徒の動機づけや教室の「動機づけを高める流れ」(87ページ参照)を逆に減退させてしまうこととなってしまった。そこで，導入段階で生徒に「これは面白そうだ」と思わせる工夫を常に取り入れるように心がけた。教室内に仮想の店を設置し，英語でショッピングを行った活動を例にとる。

Suppose you are in Australia now. You've come here on a school trip. Today you are buying souvenirs for your friends.
と導入したらうまくいかなかったタスクを，翌年に次のように変更した。

Suppose you are in Australia now. You've come here on a school trip, but Mr. Seki didn't let Tomoko nor Haruo come because Tomoko often slept during class and Haruo often didn't show up for class. You've missed them a lot and decided to bring back some souvenirs.

すると，生徒は楽しそうに取り組んでくれた。場面設定の小さな工夫を取り入れることで，生徒の興味を引き出せることを学んだ経験だった**(ストラテジー20-2)**。

・学習方法：

英語学習についての実態調査で，学習方法がわからないことが多くの生徒にとっての英語学習上の困難点となっていることがわかった。生徒の学習を具体的に観察すると，たしかに改善すべき点が多かった。そこで，授業内で単語の暗記法やディクテーションのやり方など具体的な学習手法を意識的に教えることにより，生徒の英語学習法の修正を試みた**(ストラテジー26-1)**。

・音読コンテスト：

英語を流暢に話すことが困難な生徒でも，音読は訓練を重ねればかなりの上達が期待できる。そして，英語を話せないと思っている生徒たちも，きれいな発音で音読していると英語を流暢に話しているような気分になることもあるようだ。ある年の1年生のクラスで音読を重点目標とし，年度末に音読コンテストを行うこととした**(ストラテジー21-2)**。生徒は初め，それを行うことに反発したが，私の勢いと徹底した訓練に押し切られた。そして，最初は小さな声でつぶやくだけだったのだが，3学期には自信を持って大きな声で読めるようになり，音読コンテスト**(ストラテジー33-2)**においても，その素晴らしい発音はALTに絶賛された（今でも私の心に刻まれている感動的な思い出の1つである）**(ストラテジー32-2, 34-3)**。

(4)肯定的な自己評価の促進

・誉める：

誉めることの重要性が動機づけ関連の文献で頻繁に指摘されていることを知るまでは，生徒を誉めるという行為を意識したことがなかった。そして，意識的に誉めるように心がけて初めて気がついたことは，生徒を誉めることがそれ以前は非常に少なかったということである。週1回

行う単語テストの点数がはかばかしくなかった生徒が，ある時，単語テストで突然 80 点以上取った。私がテストの採点を終えた頃に，たまたま教務室に入ってきたその生徒に，「君，すごいじゃないか。80 点だよ。たぶん君は英語の才能があると思うよ」と伝えたら，とても嬉しそうな笑顔で「なぜか今回はやる気があったんです」と答えた。それ以来，彼女は単語テストだけは毎回高得点を収めた。努力を誉めることの大切さを痛感した（**ストラテジー32-2**）。

・上達のフィードバック：

　動機づけの手立てが功を奏し，英語学習に様々な改善が観察された生徒には，改善点を具体的にフィードバックした。例えば，単語テストの点数や授業外での学習量が年度初めよりも上昇した生徒には，数値をグラフ化したものに教師の肯定的なコメントを加えて提示した。音読が上達した生徒には，ALT に録音された年度初めと年度末の音読を比較して，上達した部分を具体的に指摘してもらった（**ストラテジー32-2**）。

3. 短期大学幼児教育学科での実践

　赴任以来担当している幼児教育学科 1 年生向けの，一般教養英語科目（通年必修）における実践である。このクラスには様々な制約がある。40 名余（学科全員）が受講し，授業は週 1 時間のみ。そして，ほとんどの学生にとってこの授業が在学中唯一の英語授業である。英語学習が好きではない学生が圧倒的に多く，英語学習の明確な目標を持つ学生も少ない。さらに英語力の差も大きい。この環境で学生の英語学習動機づけを維持し，意欲的に取り組ませる方策を求めて試行錯誤した結果，English for Specific Purposes（特殊な目的のための英語）の考えに基づいた授業設計を行うという結論に至った。つまり，ほぼ全員が幼児教諭になることをを目指しているので，将来，幼児教諭として役に立つ（かもしれない）技能を身につけることのできる英語活動を授業の中心に据えることにより，英語学習を学生にとって有意味なものにしようと

考えた（**ストラテジー12-1**）。また，小集団グループによる作業を授業の中心とし（**ストラテジー6-3, 28-1**），教師が机間巡視をして個々の学生と相互交流をする時間を増やした（**ストラテジー3-2**）。さらに，活動を一方的にこちらで決めるのではなく，いくつかの選択肢の中から多数決で最も希望が多い活動を行う形式をとることにより（**ストラテジー15-1**），学生のニーズを考慮した（**ストラテジー29-1**）。以下に活動例を示す。

1) 英語の歌を教える（4人1組）

「雰囲気作りの活動」（87ページ）として毎時間，最初の10～15分間で行う。当番のグループがあらかじめ英語の歌を選び，歌詞を覚えるためのハンドアウトを準備し，教師役となってクラスの仲間にその歌を教える活動である（**ストラテジー29-2**）。全ての学生が年間2～3回は教師役になる機会を設定する。1回目の試みでは皆で一緒に歌うだけで，指導とは言えないレベルであるが，何度か繰り返す内に教え方は少しは上達する。歌うことが好きな学生が多く，年度末のアンケート調査で最も評判のよい活動の1つである。

2) 幼稚園紹介パンフレットの作成とオーラルプレゼンテーション（4人1組）

理想の幼稚園をイメージし，幼児の保護者をひきつけるようなパンフレットを作成する（**ストラテジー18-2, 18-4**）。学生は園長，年少組担任，年中組担任，年長組担任のいずれかの役を担当し，必ず担当部分の宣伝文をパンフレットに載せなければならない（**ストラテジー19-2**）。パンフレットの完成後は英語でプレゼンテーションを行う（**ストラテジー33-3**）。本番前には必ず，教師の前で発音練習を兼ねてリハーサルをすることを義務づけている（**ストラテジー27-2**）。さらに，活動終了後に投票を行い（**ストラテジー6-6**），最も票の多かったグループには小さな景品を授与する（**ストラテジー34-1**）。

3）英語紙芝居の作成と読み聞かせ（2～3人1組）

　学生は専門科目で，子どもの成長過程における絵本の役割について学んでいる。その知識を生かし，幼児が楽しむことができて，さらに心の健全な成長を支援するオリジナル紙芝居を作成し**（ストラテジー18-4）**，読み聞かせをする活動である**（ストラテジー18-2）**。英語の授業での活動なので，授業中は主にストーリーの作成を行い，絵は授業外で作成する。英語の授業なのだから絵にはそれほど力を入れなくてよいと毎年伝えるが，完成作品は素晴らしいものばかりである。英語での読み聞かせだけだとよく理解できないという指摘を数年前に受け，それ以来，英語・日本語両方で行わせている。この活動では学生の英語添削のために教師の大変な労力を要する。しかし，その結果自信を持って**（ストラテジー27-2）**読み聞かせに臨み**（ストラテジー33-2）**，仲間に称賛され成功感を味わった**（ストラテジー32-2）**学生たちは，活動以前よりも教師に対する信頼感を強くする**（ストラテジー3-1）**。

4）英語歌の作成と実演（2人1組）

　好きな曲にオリジナルの英語歌詞をつけ，曲に合わせてカラオケ風に歌う**（ストラテジー18-2，18-4）**活動である**（ストラテジー33-3）**。これは1年のまとめの活動なので，学生・教師双方とも，負担を覚悟して英語の校正や発音練習を他の活動以上に丁寧に行い**（ストラテジー27-2）**，学生が本番で自信をもって歌い，十分な満足感と達成感を得る**（ストラテジー33-2）**ことを目指す。さらに，全ペアの英語歌詞とその歌詞に込められたメッセージを収録した歌集を配布する**（ストラテジー33-2）**ことにより，努力を目に見えるものにする**（ストラテジー33-3）**と共に，クラス内の連帯感を高める**（ストラテジー6-1）**。

5）その他

・完成作品および発表のビデオは，学生の許可を得て私の研究室に保存し，次年度以降の学生が活動に取り組む際に提示している**（ストラテジ**

—9-1)。本実践の初年度に，学生も私もかなり時間と労力を費やしてよい作品や発表を残した。そのおかげで，次年度以降の学生はその作品を見るだけで気持ちが引き締まるようで，作品や発表のレベルは年を追うごと向上している印象を受ける。

・英語で自己表現をする活動が多いが，これは週1回しか英語授業がない学生にとっては難しい活動である。それ故，英語の間違いを許容する雰囲気と（ストラテジー5-2，25-3），必要であれば常に教師に支援を要請できる雰囲気を維持するように心がけている（ストラテジー2-2，13-1）。

4. 短期大学英文学科での実践

赴任以来，担当している「資格英語」での実践である。この科目は，英語の資格試験を意識した選択科目（半期）である。英語学習への動機づけと自律性を次第に強化しながら英語運用能力を高め，その結果，資格試験での成績を向上させることを指導目標としている。本実践では，本書の「動機づけを高める指導実践」（32ページ）を，授業の特性と私の授業スタイルに合わせて改変したモデル（図4）を用いることとした。

(1) レディネス形成段階

英語学習に必要な心身の条件を準備する段階である。学生の多くは，残念ながら入学前の春休みには十分に英語自主学習を行っていないのが現状である。したがって，入学直後から本格的に英語指導を始めても，学生がついて来ることができない可能性が高い。そこで，まず初めに生活習慣を内省する活動を行う（ストラテジー13-3）。1日の行動を1週間にわたって，時系列ですべて記録した行動表をもとに，生活習慣を改善し英語学習時間を確立する方法を考える。英語学習を教師や授業に過度に依存する実態もある。思うような学習効果が上がらない時に，自己の学習不足を棚上げして，「授業が退屈だ」「ネイティブの授業が少なす

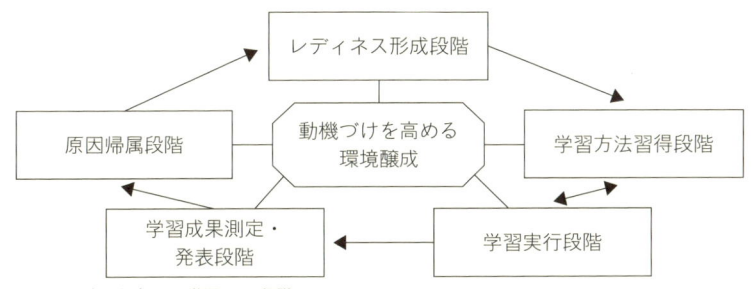

図4 動機づけを高める学習の5段階

ぎる」など，安易に教師や授業を批判する傾向があることが過去の調査で明らかになっている。そこで，自律的に英語学習に取り組むことの重要性を，過去に英語学習がうまくいった先輩の例を紹介しながら（**ストラテジー9-1**)，強調する（**ストラテジー29-2**)。また，高校までの英語学習をレポート形式で振り返ることにより，過去の英語学習の追観も行う。授業内では学生のレポートに書かれた内容に触れながら，これまでの英語学習の問題点を話し合うと共に，努力帰属を重視する雰囲気を作ることを目指している（**ストラテジー31-1，31-2**)。次に，在学中に達成することを目指す具体的な目標設定を行う。入学直後に受験するTOEICの結果を基に，半年後の目標スコア（短期目標）と卒業時の目標スコア（長期目標）を設定する（**ストラテジー21-1，21-2**)。その際，TOEICスコアの考え方とスコアの伸びの特徴についてデータを示しながら具体的に説明し，実現可能な範囲でより高い目標を設定することを支援する。

(2) 学習方法習得段階

英語学習の方法を習得する段階である。英語学習について，英単語集で暗記し問題集を解くなどの試験対策的なイメージしか抱いていない学生が少なくない。そこで，英語学習に楽しみの要素を加える方法（**ストラテジー10-1**)や，日常生活で英語を使いながら学ぶ方法（**ストラテジー12-3**)を例示し，継続的に実践させることにより，英語学習に対する意識を改善する。また，「生徒と同年齢の仲間に近いお手本」(61ペー

ジ）を活用したモデリング活動（**ストラテジー9-1，9-2**）により，効果的な学習方法の習得を試みる（**ストラテジー26-1**）。具体的には，卒業生を授業に招いて学習体験を話してもらい，さらに前年度の受講生が残した英語学習アドバイス集（(5)「追観段階」参照）を読みながら効果的な自己学習法を検討する。

(3) 学習実行段階

　動機づけを維持しながら実際に学習に取り組む段階である。この段階では，自己動機づけ，協同学習および学習の個別化の支援が教師の主な役割となる。学生は学習記録を毎日記入し，授業時に提出することを求められる。英語学習を適切に自己管理する過程で，次第に自己を動機づける力を養うことを目的とする課題である（**ストラテジー30-1，30-3**）。学生間および学生と教師の協同性やラポールを高めるために，インターネットのメーリングリストによる情報交換を行う（**ストラテジー25-2，6-1**）。教師は，学習上のアドバイスや学習記録に書かれたコメントに対する励ましの言葉や意見などを定期的に送信する（**ストラテジー24-1，24-2**）。また，学生にも積極的に意見表明することを促す。英語学習法の関連文献の読書感想文も全員で共有する（**ストラテジー28-1**）。さらに，受講学生間の学力差に対応し，学習の個別化を図るためにコンピュータのオンライン教材を積極的に利用する。受講者協同で作成したレベル別，分野別のオンライン教材リンク集を活用し，自分の興味とレベルに応じたサイトで学習に取り組む（**ストラテジー29-1**）。

(4) 成果測定段階

　英語力の伸長度を測定する段階である。学期末にTOEICを受験し，伸長度を具体的数値で理解する。また，音読やシャドウイングの活動で毎週録音し続けた自分の音声を最初から最後まで通して聞き，入学時点からの進歩を実感する（**ストラテジー33-2**）。さらに学習量の伸びをグラフ化し，努力の向上度も認識する（**ストラテジー31-2**）。

(5) 追観段階

　成果測定の結果を踏まえ，行ってきた英語学習を追観する段階である。学習記録表や学習内容をすべて綴ったポートフォリオを読み返し，半年間の英語学習を詳細に内省したレポートを提出する。それに対して教師は，学習量，学習内容，TOEICスコアの伸長度などに応じたコメントを個々の学習者にフィードバックする（**ストラテジー32-2**）。TOEICでの失敗を能力に帰属している学生は必ず個別に面談し，帰属の修正を試みる（**ストラテジー31-1**）。提出されたレポートは学生に許可を得た上で，名前を消して次年度の学生に英語学習アドバイス集（**ストラテジー33-2**）として配布される（**ストラテジー9-2**）。

5. まとめ

　これまでの実践から，学習者を動機づける手法を見つけるコツを3つ学んだ。1つは，動機づけ関連の文献を読むことである。学習者のやる気を高めるのに効果的だが，自分の実践に取り入れられていない手法に数多く出会うことができた。第2点は同僚，先輩教師に学ぶことである。経験豊富な先生方の授業や生徒との何気ない会話の中には，効果的な動機づけ手法が含まれていた。そして最後に，これが最も重要だと考えているのが，学習者の英語学習に対する情熱の強さである。生徒・学生の英語学習を何とか改善したいという強い思いが，様々な独自の動機づけ手法を産み出した。今後も研究と実践を重ね，英語学習者の動機づけを高めるさらなる方策を追求していきたい。

参考文献

Ajzen, I. 1988. *Attitudes, Personality and Behavior*. Chicago: Dorsey Press.
Alderman, M. K. 1999. *Motivation for Achievement: Possibilities for Teaching and Learning*. Mahwah, NJ: Lawrence Erlbaum.
Alison, J. 1993. *Not Bothered? Motivating Reluctant Language Learners in Key Stage 4*. London: CILT.
Ames, C. 1992. Classrooms, goals, structures and student motivation. *Journal of Educational Psychology*, 84, 267-271.
Atkinson, J. W. and J. O. Raynor (Eds.) 1974. *Motivation and Achievement*. Washington, DC: Winston and Sons.
Bandura, A. 1997. *Self-Efficacy: The Exercise of Control*. New York: Freeman.
Bandura, A. and D. Schunk 1981. Cultivating competence, self-efficacy and intrinsic interest through proximal self-motivation. *Journal of Personality and Social Psychology*, 41, 586-98.
Baumeister, R. F. 1996. Self-regulation and ego threat: Motivated cognition, self-deception and destructive goal setting. In P. M. Gollwitzer and J. A. Bargh (Eds.) *The Psychology of Action: Linking Cognition and Motivation to Behaviour*. New York: Guilford Press, 27-47.
Benson, P. 2001. Teaching and Researching Autonomy in Language Learning. Harlow: Longman.
Berliner, D. C. and R. C. Calfee (Eds.) 1996. *Handbook of Educational Psychology*. New York: Macmillan.
Bettelheim, B. 1987. *A Good Enough Parent*. London: Thames and Hudson.
Brophy, J. E. 1987. Synthesis of research on strategies for motivating students to learn. *Educational Leadership*, 45, 40-48.
Brophy, J. E. 1998. *Motivating Students to Learn*. McGraw-Hill, Boston, MA.

Brophy, J. E. 1999. Toward a model of the value aspects of motivation in education: Developing appreciation for particular learning domains and activities. *Educational Psychologist,* 34, 75-85.

Brophy, J. E. and N. Kher 1986. Teacher socialization as a mechanism for developing student motivation to learn. In R. S. Feldman (Ed.) *The Social Psychology of Education: Current Research and Theory.* Cambridge: Cambridge University Press, 257-288.

Brown, H. D. 1989. *A Practical Guide to Language Learning: A Fifteen-Week Program of Strategies for Success.* Boston, MA: McGraw-Hill.

Brown, H. D. 1994. *Teaching by Principles.* Englewood Cliffs, NJ: Prentice Hall.

Burden, P. R. 1995. *Classroom Management and Discipline.* New York: Longman.

Byram, M. 1997. *Teaching and Assessing Intercultural Communicative Competence.* Clevedon: Multilingual Matters.

Byram, M. 2000. *Routledge Encyclopedia of Language Teaching and Learning.* London: Routledge.

Canfield, J. and H. C. Wells 1994. *100 Ways to Enhance Self-Concept in the Classroom: A Handbook for Teachers, Counselors, and Group Leaders.* Needham Heights, MA: Allyn and Bacon.

Carter, R. and D. Nunan (Eds.) 2001. *Applied Linguistics.* Cambridge: Cambridge University Press.

Chambers, G. N. 1999. *Motivating Language Learners.* Clevedon: Multilingual Matters.

Clément, R. 1980. Ethnicity, contact and communicative competence in a second language. In H. Giles, W. P. Robinson and P. M. Smith (Eds.) *Language: Social Psychological Perspectives,* Oxford: Pergamon, 147-154.

Clément, R, Z. Dörnyei and K. A. Noels 1994. Motivation, self-confidence and group cohesion in the foreign language classroom. *Language Learning,* 44, 417-448.

Cohen, A. D. 1998. *Strategies in Learning and Using a Second Language.* Harlow: Longman.

Cohen, E. 1994. *Designing Groupwork* (2nd ed.). New York: Teachers College Press.

Corno, E. 1993. The best-laid plans: Modern conceptions of volition and educational research. *Educational Researcher,* 22, 14-22.

Corno, L. 1994. Student volition and education: Outcomes, influences, and practices. In D. H. Schunk and B. J. Zimmerman (Eds.) *Self-Regulation of Learning and Performance.* Hillsdale, NJ: Lawrence Erlbaum, 229-251.

Corno, L. and R. Kanfer 1993. The role of volition in learning and performance. *Review of Research in Education,* 19, 301-341.

Corson, D. (Ed.) 1997. *Encyclopedia of Language and Education* (Vols. 1-8). Doerdrecht: Kluwer.

Covington, M. 1992. *Making the Grade: A Self-Worth Perspective on Motivation and School Reform.* Cambridge: Cambridge University Press.

Covington, M. V. 1998. *The Will to Learn: A Guide for Motivating Young People.* Cambridge: Cambridge University Press.

Covington, M. 1999. Caring about learning: The nature and nurturing of subject-matter appreciation. *Educational Psychologist,* 34, 127-136.

Covington, M. V. and K. M. Teel 1996. *Overcoming Student Failure: Changing Motives and Incentives for Learning.* Washington, DC: American Psychological Association.

Cranmer, D. 1996. *Motivating High Level Learners.* Harlow: Longman.

Crookes, G. and R. W. Schmidt 1991. Motivation: Reopening the research agenda. *Language Learning,* 41, 469-512.

Csikszentmihalyi, M. 1997. Intrinsic motivation and effective teaching: A flow analysis. In J. L. Bess (Ed.) *Teaching Well and Liking It: Motivating Faculty to Teach Effectively.* Baltimore: Johns Hopkins University Press, 72-89.

Dam, L. 1995. *Learner Autonomy 3: From Theory to Practice.* Dublin: Authentik.

Damon, W. and N. Eisenberg (Eds.) 1998. *Handbook of Child Psychology. 5th Edition, Vol. 3: Social, emotional, and personality development.*

New York: John Wiley and Sons.
Deci, E. L. and R. M. Ryan 1985. *Intrinsic Motivation and Self-Determination in Human Behavior.* New York: Plenum.
Dembo, M. H. and M. J. Eaton 1997. School learning and motivation. In G. D. Phye (Ed.) *Handbook of Academic Learning: Construction of Knowledge.* San Diego, CA: Academic Press.
Dörnyei, Z. 1994. Motivation and motivating in the foreign language classroom. *Modern Language Journal,* 78, 273-284.
Dörnyei, Z. 1997. Psychological processes in cooperative language learning: Group dynamics and motivation. *Modern Language Journal,* 81, 482-493.
Dörnyei, Z. 2000. Motivation in action: Toward a process-oriented conceptualisation of student motivation. *British Journal of Educational Psychology,* 70, 519-538.
Dörnyei, Z. 2001. *Teaching and Researching Motivation.* Harlow: Longman.
Dörnyei, Z. and K. Csizér 1998. Ten commandments for motivating language learners: Results of an empirical study. *Language Teaching Research,* 2, 203-229.
Dörnyei, Z. and K. Gajdátsy 1989. A student-centred approach to language learning 1. *Practical English Teaching,* 9/3, 43-45.
Dörnyei, Z. and A. Malderez 1997. Group dynamics and foreign language teaching. System, 25, 65-81.
Dörnyei, Z. and A. Malderez 1999. Group dynamics in foreign language learning and teaching. In J. Arnold (Ed.) *Affective Language Learning.* Cambridge: Cambridge University Press, 155-169.
Dörnyei, Z. and I. Ottó 1998. Motivation in action: A process model of L2 motivation. *Working Papers in Applied Linguistics* (Thames Valley University, London), 4, 43-69.
Dörnyei, Z. and R. Schmidt (Eds.) 2001. *Motivation and Second Language Acquisition.* Honolulu, HI: University of Hawaii Press.
Dörnyei, Z. and M. L. Scott 1997. Communication strategies in a second language: Definitions and taxonomies. *Language Learning,* 47, 173-210.
Eagly, A. H. and S. Chaiken 1993. *The Psychology of Attitudes.* New York:

Harcourt Brace.

Eccles, J. S. and A. Wigfield 1995. In the mind of the actor: The structure of adolescents' achievement task values and expectancy-related beliefs. *Personality and Social Psychology Bulletin*, 21, 215-225.

Ehrman, M. E. and Z. Dörnyei 1998. *Interpersonal Dynamics in Second Language Education: The Visible and Invisible Classroom.* Sage, Thousand Oaks, CA.

Ekbatani, G. and H. Pierson (Eds.) 2000. *Learner-Directed Assessment in ESL.* Mahwah, NJ: Lawrence Erlbaum.

Ford, M. 1992. *Motivating Humans: Goals, Emotions and Personal Agency Beliefs.* Newbury Park, CA: Sage.

Frank, C. and M. Rinvolucri 1991. *Grammar in Action Again: Awareness Activities for Language Learning.* Hemel Hempstead: Prentice Hall.

Galloway, D., C. Rogers, D. Armstrong and E. Leo 1998. *Motivating the Difficult to Teach.* Harlow: Longman.

Garcia, T. and P. R. Pintrich 1994. Regulating motivation and cognition in the classroom: The role of self-schemas and self-regulating strategies. In D. Schunk and B. J. Zimmerman (Eds.) *Self-Regulation of Learning and Performance: Issues of Educational Applications.* Hillsdale, NJ: Lawrence Erlbaum, 127-153.

Gardner, R. C. 1979. Social psychological aspects of second language acquisition. In H. Giles and R. St. Clair (Eds.) *Language and Social Psychology.* Oxford: Blackwell, 193-220.

Gardner, R. C. 1985. *Social Psychology and Second Language Learning: The Role of Attitudes and Motivation.* London: Edward Arnold.

Gardner, R. C. and W. E. Lambert 1972. *Attitudes and Motivation in Second Language Learning.* Rowley, MA: Newbury House.

Gardner, R. C. and P. D. MacIntyre 1993. A student's contributions to second-language learning. Part II: Affective variables. *Language Teaching*, 26, 1-11.

Good, T. L. and J. E. Brophy 1994. *Looking in Classrooms* (6th ed.). New York: HarperCollins.

Graham, S. 1994. Classroom motivation from an attributional perspective.

In H. F. O'Neil Jr and M. Drillings (Eds.) *Motivation: Theory and Research.* Hillsdale, NJ: Lawrence Erlbaum, 31-48.

Hadfield, J. 1992. *Classroom Dynamics.* Oxford: Oxford University Press.

Heckhausen, H. 1991. *Motivation and Action.* New York: Springer.

Heckhausen, H. and J. Kuhl 1985. From wishes to action: The dead ends and short cuts on the long way to action. In M. Frese and J. Sabini (Eds.) *Goal-Directed Behaviour: The Concept of Action in Psychology.* Hillsdale, NJ: Lawrence Erlbaum.

Heron, J. 1989. *The Facilitator's Handbook.* London: Kogan Page.

Horwitz, E. K. 1988. The beliefs about language learning of beginning university foreign language students. *Modern Language Journal,* 72, 283-294.

Jones, V. F. and L. S. Jones 1995. *Comprehensive Classroom Management: Creating Positive Learning Environments for All Students* (4th ed.) Needham Heights, MA: Allyn and Bacon.

Juvonen, Y. and K. R. Wentzel (Eds.) 1996. *Social Motivation: Understanding Children's School Adjustment.* New York: Cambridge University Press.

Kaplan, R. (Ed.) 2002. *Handbook of Applied Linguistics.* Oxford: Oxford University Press.

Keller, J. M. 1983. Motivational design of instruction. In C. M. Reigelruth (Ed.) *Instructional Design Theories and Models: An Overview of their Current Status.* Hillsdale, NJ: Lawrence Erlbaum, 383-434.

Kramsch, C. 1998. *Language and Culture.* Oxford: Oxford University Press.

Kuhl, J. 1987. Action control: The maintenance of motivational states. In F. Halish and J. Kuhl (Eds.) *Motivation, Intention and Volition.* Berlin: Springer, 279-291.

Lightbown, P. M. and N. Spada 1999. *How Languages are Learned* (Revised ed.). Oxford: Oxford University Press.

Little, D. 1991. *Learner Autonomy 1: Definitions, Issues and Problems.* Dublin: Authentik.

Locke, E. A. and G. P. Latham 1990. *A Theory of Goal Setting and Task Performance.* Englewood Cliffs, NJ: Prentice Hall.

参考文献

Lustig, M. W. and J. Koester 1999. *Intercultural Competence: Interpersonal Communication Across Cultures.* New York: Longman.

Maslow, A. H. 1970. *Motivation and Personality* (2nd ed.). New York: Harper and Row. (小口忠彦訳 (1987)『人間性の心理学：モチベーションとパーソナリティ』産業能率大学出版部)

MacIntyre, P. D. 1999. Language anxiety: A review of the research for language teachers. In D. J. Young (Ed.) *Affect in Foreign Language and Second Language Learning.* Boston, MA: McGraw-Hill, 24-45.

McCombs, B. L. and J. E. Pope 1994. *Motivating Hard to Reach Students.* Washington, DC: American Psychological Association.

McCombs, B. L. and J. S. Whisler 1997. *The Learner-Centered Classroom and School: Strategies for Increasing Student Motivation and Achievement.* San Francisco, CA: Jossey-Bass.

Murphey, T. 1998a. Motivating with near peer role models. In B. Visgatis (Ed.) *On JALT'97: Trends and Transitions.* Tokyo: JALT, 205-209.

Murphey, T. 1998b. *Language Hungry: An Introduction to Language Learning Fun and Self-Esteem.* Tokyo: Macmillan Languagehouse.

Noels, K. A., R. Clément and L. G. Pelletier 1999. Perceptions of teachers' communicative style and students' intrinsic and extrinsic motivation. *Modern Language Journal,* 83, 23-34.

Nyikos, M. and R. Oxford (Eds.) 1997. Interaction, collaboration, and cooperation: Learning languages and preparing language teachers. Special Issue. *Modern Language Journal,* 81/4.

O'Malley, J. M. and A. U. Chamot 1990. *Learning Strategies in Second Language Acquisition.* New York: Cambridge University Press.

Oxford, R. L. 1990. *Language Learning Strategies: What Every Teacher Should Know.* Boston, MA: Heinle and Heinle. (宍戸通庸，伴紀子訳 (1994)『言語学習ストラテジー：外国語教師が知っておかなければならないこと』凡人社)

Oxford, R. L. and M. Nyikos 1997. Interaction, collaboration, and Cooperation: Learning Languages and Preparing Language Teachers. Special Issue. *Modern Language Journal,* 81/4.

Oxford, R. L. and J. Shearin 1994. Language learning motivation: Expand-

ing the theoretical framework. *Modern Language Journal,* 78, 12-28.
Passe, J. 1996. *When Students Choose Content: A Guide to Increasing Motivation, Autonomy, and Achievement.* Thousand Oaks, CA: Corwin Press.
Pintrich, P. R. and D. H. Schunk 1996. *Motivation in Education: Theory, Research and Applications.* Englewood Cliffs, NJ: Prentice Hall.
Raffini, J. P. 1993. *Winners without Losers: Structures and Strategies for Increasing Student Motivation to Learn.* Needham Heights, MA: Allyn and Bacon.
Raffini, J. P. 1996. *150 Ways to Increase Intrinsic Motivation in the Classroom.* Needham Heights, MA: Allyn and Bacom.
Roberts, C. M. Byram, A. Barro, S. Jordan and B. Street 2001. *Language Learners as Ethnographers.* Clevedon: Multilingual Matters.
Rogers, C. R. and H. J. Freiberg 1994. *Freedom to Learn.* Englewood Cliffs, NJ: Prentice Hall.
Rosenthal, R. and L. Jacobson 1968. *Pygmalion in the Classroom.* New York: Holt, Rinehart and Winston.
Scheidecker, D. and W. Freeman 1999. *Bringing out the Best in Students: How Legendary Teachers Motivate Kids.* Thousand Oaks, CA: Corwin Press.
Schmitt, N. (Ed.) 2002. *An Introduction to Applied Linguistics.* London: Arnold.
Schneider, B., M. Csikszentmihalyi, and S. Knauth 1995. Academic challenge, motivation and self-esteem: The daily experience of students in high school. In M. T. Hallinan (Ed.) *Restructuring Schools: Promising Practices and Policies.* New York: Plenum, 175-195.
Seelye, H. N. 1993. *Teaching Culture: Strategies for Intercultural Communication.* Lincolnwood, IL: National Textbook Company.
Senior, R. 1997. Transforming language classes into bonded groups. *ELT Journal,* 51, 3-11.
Silva, D. P. S. 2001. Motivational factors: A case study. Unpublished seminar paper. School of English Studies, University of Nottingham.
Sinclair, B. 1999. More than an act of faith? Evaluating learner autonomy.

In C. Kennedy (Ed.) *Innovation and Best Practice in British ELT*. Harlow: Longman, 96-107.

Slavin, R. E. 1996. Research on cooperative learning and achievement: What we know, what we need to know. *Contemporary Educational Psychology*, 21, 43-69.

Snow, R. E., L. Corno and D. N. Jackson 1996. Individual differences in affective and conative functions. In D. C. Berliner and R. C. Calfee (Eds.) *Handbook of Educational Psychology*. New York: Macmillan, 243-310.

Spolsky, B. (Ed.) 1999. *Concise Encyclopedia of Educational Linguistics*. Oxford: Elsevier.

Stipek, D. J. 1996. Motivation and instruction. In D. C. Berliner and R. C. Calfee (Eds.) *Handbook of Educational Psychology*. New York: Macmillan, 85-113.

Tomalin, B. and S. Stempleski 1993. *Cultural Awareness*. Oxford: Oxford University Press.

Underhill, A. 1999. Facilitation in language teaching. In J. Arnold (Ed.) *Affective Language Learning*. Cambridge: Cambridge University Press, 125-141.

Ushioda, E. 1996. *Learner Autonomy 5: The Role of Motivation*. Dublin: Authentik.

Ushioda, E. 1997. The role of motivational thinking in autonomous language learning. In D. Little and B. Voss (Eds.) *Language Centres: Planning for the New Millennium*. Plymouth: CERCLES, Centre for Modern Languages, University of Plymouth, 39-50.

Vallerand, R. J. 1997. Toward a hierarchical model of intrinsic and extrinsic motivation. *Advances in Experimental Social Psychology*, 29, 271-360.

Weiner, B. 1984. Principles for a theory of student motivation and their application within an attributional framework. In R. Ames and C. Ames (Eds.) *Research on Motivation in Education: Student Motivation* (Vol. 1). San Diego, CA: Academic Press, 15-38.

Weiner, B. 1992. *Human Motivation: Metaphors, Theories and Research*.

Newbury Park, CA: Sage.

Weiner, B. 1994. Integrating social and personal theories of achievement motivation. *Review of Educational Research,* 64, 557-573.

Wentzel, K. R. 1999. Social-motivational processes and interpersonal relationships: Implications for understanding motivation at school. *Journal of Educational Psychology,* 91, 76-97.

Williams, M. 1994. Motivation in foreign and second language learning: An interactive perspective. *Educational and Child Psychology,* 11, 77-84.

Williams, M. and R. Burden 1997. *Psychology for Language Teachers.* Cambridge: Cambridge University Press.

Winnicott, D. W. 1965. *The Maturational Process and the Facilitating Environment.* London: Hogarth Press. (牛島定信訳 (1977)『情緒発達の精神分析理論:自我の芽ばえと母なるもの』岩崎学術出版社)

Wlodkowski, R. J. 1986. *Enhancing Adult Motivation to Learn.* San Francisco, CA: Jossey-Bass.

Wong, M. M. and M. Csikszentmihalyi 1991. Motivation and academic achievement: The effects of personality traits and the quality of experience. *Journal of Personality,* 59, 539-574.

Young, D. J. (Ed.) 1999. *Affect in Foreign Language and Second Language Learning.* Boston, MA: McGraw-Hill.

事項索引

ア行

アイデンティティ 13, 15, 103, 105, 107
誤り訂正 110
安全の欲求 7
意志の形成 23
意図の放棄 23
意欲制御ストラテジー 131
インターネット 64-66, 168, 188
応用言語学 17, 79
恐れ 21, 108, 135

カ行

外国らしさ 63, 65, 168
階層的形態 126
外発的動機づけ 11
回避傾向 10
課外(学習)活動 38, 50, 52, 166
学習計画 101
学習契約 101
学習された無力感 21, 141, 178
学習志向規範 52
学習者集団 vi, 20, 23, 48, 175, 178
学習者自律性 32, 119, 173
学習者信念 23, 32, 78-82, 169
学習ストラテジー 23, 112, 113, 115, 138, 145, 146, 172
学習(者)目標 32, 59, 96, 116, 120

課題志向の注意様式 150
価値観 32, 83
価値体系 59, 60
過程志向アプローチ 20, 24
環境制御ストラテジー 131, 137
感情機能 iv
感情制御ストラテジー 131, 135
管理的フィードバック 148
関連性 19, 21
帰属理論 10, 12, 141-143
期待価値理論 9, 10
期待(感) 19, 32
規範 19
規範体系 55
教育課程 18, 28, 58, 69, 74, 75, 78, 85, 88, 101, 127, 129, 146, 169, 173
教育心理学 v, vi, 4, 18, 20, 39, 122, 130, 141
教育的アプローチ 18
強化行事 152
教科書 90
共感 41
教材 32, 37, 73-78, 83, 87, 112, 113, 123, 127, 165, 169
教師期待 39
教室環境 22, 48, 83, 166
教室内目標構造 19
教室の決まり 53, 101
教室の所有権 47

教室目標　72, 73, 169
教師特有の動機づけ　19
教師評定　159
競争　23, 51, 90, 104, 109, 112, 130, 172
協調　112, 172
共通の脅威　51
協同学習　52, 119, 120, 188
協同性　50, 180, 188
協同タスク　120
協同的形態　127
許容規範　46
近接　50
緊張を解きほぐす活動　51, 166
空想　89, 92, 135
クラス一斉タスク　87
グループ作業　87
計画的行動理論　11, 12
契約学習　101
契約手法　171
結束性　49, 51, 119
結束的学習集団　32, 34, 48
原因帰属　19, 23
原因作用の中心　21
言語学習信念明細表　80, 81
言語(使用)不安　19, 46, 105
言語適性　v,3, 143
言語に関する自信　16
建設的な帰属　143
好奇心　21
向上点　159
肯定的情報フィードバック　148, 149, 173
行動規則　52
行動主義心理学　6
行動制御　11, 23
幸福への欲求　5

国外居住者　45
個人の目標　71, 72
コミュニケーション活動　31, 94
コミュニケーション・ストラテジー　80, 82, 112-115, 172

サ行

最接近下位目標　96
支援　126, 127
支援者　127-129, 173
支援スタイル　126
支援的な作業　45, 166
時間軸　22
自己一致性　41
思考表出法　95
自己概念　23, 104, 105, 148, 153
自己価値　21, 103-105
自己価値理論　9, 10, 104
自己管理ストラテジー　31
自己激励　136
自己決定感　124
自己決定理論　11, 12, 122
自己肯定化　136
自己効力感　16, 19, 21, 102, 103
自己効力感理論　10, 12
自己実現傾性　6
自己実現の欲求　7
自己像　15, 59, 103, 105, 107, 150
自己達成的予言　39
自己調整　122
自己調整ストラテジー　23
自己動機づけストラテジー　23, 28, 32, 89, 131, 137-139, 173
自己動機づけ能力　130
自己評価　31, 68, 111, 120, 125, 126, 138, 140, 157, 159, 160, 161, 173, 175, 182

自己評価の手続き　125
支持的な教室　34, 46, 116
支持的な雰囲気［風土］　32, 45, 108, 166
支持的な役割　44
自信　19, 21, 32, 103
自尊感情　32, 56, 102, 108
実演　62, 68, 95
実行動機づけ　22-24
実行動機づけストラテジー　83
失敗回避ストラテジー　104, 116
失敗不安　10
指導目標　69
社会心理学　17, 48
社会心理学的アプローチ　15
社会の心象　32, 73, 115-118, 172
社会的動機づけ理論　11
社会的比較　109, 112, 172
社会的目標　70, 116, 120, 131
自由競争　126
習熟度　33
修正フィードバック　159
集団規範　32, 34, 48, 49, 52, 54, 57, 167
集団結束性　19, 49
集団作品　50
集団神話　51
集団対抗競技　51
集団的良心　53
集団特有の動機づけ　19, 20
集団の目標　49, 51
集団力学　48, 49, 55, 123, 128
集団ロゴ（マーク）　51, 52, 166
自由への欲求　5
重要な他者　21
主観的規範　11
主観的性質　140

授業特有の動機づけ　19
受動的役割　45
受容　41, 44, 165
情意学習方略　131
称賛　23, 36, 149, 151, 154, 159, 185
小集団活動　50, 51, 54, 119, 166
承認の欲求　7
賞罰　6, 27
職業心理学者　97
所属と愛の欲求　7
自律感　23
自律性　31, 120, 122-130, 186
自律性支援　123
自律的形態　127
資料協同利用施設　120
身体の欲求　5
心的過程　7
信頼　40, 41, 46, 108
親和動機　19
スキナーのネズミ　6
制御中心　21
成功基準　68, 72
成功期待感　67-69, 120
成功への期待　23
制裁　21
成績評価　32
成績評点　23, 152-154, 156
成績目標　11
生理的欲求　7
接近傾向　10
接触　41, 43, 44, 50, 166
説明的フィードバック　124
是認　41
先行する事件・事情　5
潜在的知的開花者　39
選択動機づけ　22-24
相互交流　50, 51, 166, 177, 184

相互作用　108
組織心理学者　97

夕行

退屈　59, 84, 85, 88, 89, 134
代替教材　77
態度　11, 12, 16, 17, 21, 32, 42, 45, 48, 53, 59, 61, 63, 119
タスク　28, 32, 50, 67, 84, 86-97, 113, 121, 122, 151, 170, 172, 177, 181
タスク導入　92, 94
達成感　106
達成動機づけ理論　10
達成ニーズ　19
達成目標　11
多民族学習者集団　75
短期目標　96, 98, 187
単語カード　113
単調さ　86-88, 170
地域社会　14
知的好奇心　39, 92
知能テスト　39
長期目標　187
挑戦　21, 88, 104, 106, 135
追加課題　38
追観自己評価　32
つなぎ表現　112
適者生存　109
適切な親　163
敵対的な感情　48
手本　31, 44, 60, 61, 110, 138, 164, 167
伝達能力　119
動機づけ維持ストラテジー　83
動機づけ訓練　29
動機づけ手法　28, 92, 189

動機づけ心理学　5, 7, 67
動機づけストラテジー　vi,v,24, 27, 30, 32, 34, 85, 105, 116, 130, 162, 164, 175, 177
動機づけの強さ　16, 17
動機づけフィードバック　107
動機づけを高める追観　22, 23, 25
動機づけを高める流れ　87
動機づけを高めるのに適切な人　162-164
道具性　18
道具的価値観　60, 65, 66, 168
道具的志向　16
道具的動機づけ　19
統合性　16-18, 62
統合的オリエンテーション　17
統合的価値観　60, 62, 63
統合的志向　16
統合的動機　16, 19
同志の協力関係　119
動能機能　iv
努力帰属　144-146, 173, 187
努力フィードバック　145

ナ行

内在的価値観　62
内発的動機づけ　11, 153
仲間　21, 49, 52, 55, 61, 113, 115, 119, 120, 125, 127, 137, 139, 167
仲間同士による評点方式　160
仲間のフィードバック　159
二言語使用地域　15
二重言語使用者　80
ニーズ分析　77, 78, 169
人間学的心理学　6, 41
認知機能　iv
認知特性　3

認知理論　7
熱意　iv, 11, 35-38, 48, 58, 60, 89, 94, 165
能力帰属　144-146, 173
能力別学級編成　40

ハ行

媒介学習　21
励まし　107, 148
罰（則）　21, 55, 153, 179
パブロフのイヌ　6
場面特有動機　18
波乱段階　128
ピグマリオン効果　40
人並み規範　52
評価システム　158
評定　160
評点　101, 109, 111, 112, 121, 156-161, 172, 174
ピラミッド型討議方式　53, 79
不安　21, 22, 102, 104, 108-112, 120, 135, 158, 172
フィードバック　19, 21, 23, 31, 32, 100, 104, 107, 109, 124, 141, 145, 148, 149, 171, 183, 189
フィードバック原則　148
複合集団目標　72
プリ・タスク　67
ブレーンストーミング　76
プロジェクト作業　50, 119, 125
プロセス・モデル　20, 23, 83
雰囲気作りの活動　87, 180, 184
文化　14, 18, 33, 63, 64
文化間コミュニケーション能力　63
文化間理解　64, 75
文化規範　21
文法ドリル　94

ペア・ワーク　50, 87
包括性　31
報酬　19, 21, 32, 98, 101, 109, 132, 135, 141, 152-156, 171
飽和　83, 134
飽和制御ストラテジー　131, 134
補助教材　77
ポートフォリオ　189
ポートフォリオ評価　159
本物教材　64

マ行

間違い　47, 48, 54, 78, 110-112, 148, 166, 172, 186
満足感　19, 32, 37, 120, 140, 141, 148-152, 165, 174, 185
満足感を与える機能　148
身近な小型神　61
ミニマックスの原則　155
無気力状態　31
目新しさ　89
メタ認知制御ストラテジー　131, 132
目標　7, 9, 22, 30, 50, 66, 70-73, 77, 78, 83, 96-100, 107, 122, 124, 125, 130, 131, 134, 137, 144, 148, 168, 169, 172, 183
目標志向　31, 96, 156, 174
目標志向性　19, 32, 69, 71, 73, 169
目標指向性理論　11
目標設定　23, 73, 96-99, 101, 187
目標設定日誌　100
目標設定理論　11, 101
目標達成　100, 171
目標特性　23
目標復習　72
目標理論　9

モデリング　19, 36, 45, 60, 68, 188
問題解決活動　50

ヤ行

誘因価　10
有能感　21
ユーモア　47, 48, 90, 136, 166
欲求階層　7

ラ行

ラポール　31, 46, 188
ロールプレイ　50, 138, 151

人名索引

ア行

アリソン（Alison, J.） 66, 77, 86, 99, 148
イートン（Eaton, M.J.） 98
ウィスラー（Whisler, J.S.） 73
ウィニコット（Winnicott, D.W.） 163
ウィリアムズ（Williams, M.） 15, 18, 20, 21
ウシオダ（Ushioda, E.） 22, 130, 143, 146
ウラッドコースキー（Wlodkowski, R.J.） 8, 9, 28, 29, 42, 69, 78, 83, 95, 146, 152
エアマン（Ehrman, M.E.） 162
オックスフォード（Oxford, R.） 97, 131
オットー（Ottó, I.） 20
オマリー（O'Malley, J.M.） 131

カ行

ガードナー（Gardner, R.C.） 13, 14, 15, 16, 45, 63
ガルシア（Garcia, T.） 131
カンファー（Kanfer, R.） 131
グッド（Good, T.L.） 37, 128
クルックス（Crookes, G.） 17
クール（Kuhl, J.） 130, 131

グレアム（Graham, S.） 142, 149
クレメント（Clement, R.） 14, 16, 18, 124
コーエン（Cohen, E.） 55
コビントン（Covington, M.V.） 6, 85, 104, 110, 144, 154, 157, 158, 165
コルノ（Corno, L） iv, 131, 138

サ行

シャイデッカー（Scheidecker, D.） iii, 13, 26, 29, 46, 93, 103, 106, 150
シャモット（Chamot, A.U.） 131
シュミット（Schmidt, R.W.） 4, 17
シュンク（Schunk, D.H.） 98
シーリン（Shearin, J.） 97
シルバ（Silva, D.P.S） 35, 84
シンクレア（Sinclair, B.） 122
ジャクソン（Jackson, D） iv
ジョーンズ（Jones, L.S.） 98
ジョーンズ（Jones, V.F.） 98
スキナー（Skinner, B.F.） 6
スノウ（Snow, R） iv
スレイビン（Slavin, R.） 119

タ行

チェインバーズ（Chambers, G.N.） 35, 74
チクセントミハイ（Csikszentmi-

halyi, M.) 36, 59
ティール（Teel, K.M.） 85, 104, 110, 154, 157, 158, 165
デンボ（Dembo, M.H.） 98
ドルニェイ（Dörnyei, Z.） 18, 19, 20

ナ行

ノエル（Noels, K.A.） 124

ハ行

バウマイスター（Baumeister, R.F.） 131
バーデン（Burden, R.） 18, 20, 21
パブロフ（Pavlov, I.P.） 6
バンデューラ（Bandura, A.） 98
ピントリッチ（Pintrich, P.R.） 98, 131
フォード（Ford, M.E.） 27, 147
ブラウン（Brown, H.D.） 14, 111
フリーマン（Freeman, W.） iii, 13, 26, 29, 46, 93, 103, 106, 150
フロイト（Freud, S.） 6
ブロフィ（Brophy, J.E.） 36-39, 44, 59, 67, 74, 90, 92, 109, 128, 155, 159, 160
ヘックハウゼン（Heckhausen, H.） 130
ベッテルハイム（Bettelheim, B.） 163
ペルティエ（Pelletier, L.G.） 124
ヘロン（Heron, J.） 126, 127
ベンソン（Benson, P.） 127
ホーウィッツ（Horwitz, E.K.） 80, 81
ポープ（Pope, J.E.） 27, 33, 56, 99

マ行

マコームズ（McCombs, B.） 27, 33, 56, 73, 99
マズロー（Maslow, A.H.） 6, 7
マーフィ（Murphy, T.） 60, 61, 133, 135

ヤ行

ヤコブソン（Jacobson, L.） 39

ラ行

ライアン（Ryan, C.） 3
ラッフィニ（Raffini, J.P.） 26, 41, 49, 85, 108, 116, 144, 153
ランバート（Lambert, W.E.） 14, 15
レーサム（Latham, G.P.） 97
ロジャーズ（Rogers, C.） 6, 41
ローゼンタル（Rosenthal, R.） 39
ロック（Locke, E.A.） 97

[訳者略歴]

米山朝二（よねやま あさじ）
1937年，新潟県に生まれる。現在，新潟大学名誉教授。主な著書に，『英語教育——実践から理論へ〈改訂増補版〉』(松柏社)，『新編英語教育指導法事典』(研究社)，『[改訂版]英語科教育実習ハンドブック』(共著，大修館書店)，他。

関　昭典（せき　あきのり）
1968年，新潟県に生まれる。1994年，新潟大学大学院教育学研究科教科教育専攻英語教育専修修了。現在，東京経済大学全学共通教育センター教授・センター長。主要論文に A Longitudinal Investigation of the Development of Attitude Toward English Learning of Underachieving Learners (『関東甲信越英語教育学会研究紀要』第13号)，「自律した英語学習者の育成を目指したプロジェクト－自律英語学習，英語学習量，英語運用能力の関係を探る－」(『コミュニカティブ・ティーチング研究会紀要』第9号)，他。

動機づけを高める英語指導ストラテジー35
© Asaji Yoneyama, Akinori Seki, 2005　NDC375/xiv, 207p/21cm

初版第１刷──────2005年11月10日
　第５刷──────2021年９月１日

著　者──────ゾルタン・ドルニェイ
訳　者──────米山朝二，関　昭典
発行者──────鈴木一行
発行所──────株式会社　大修館書店
　　　　　　　〒113-8541 東京都文京区湯島２-１-１
　　　　　　　電話03-3868-2651(販売部)　03-3868-2293(編集部)
　　　　　　　出版情報　https://www.taishukan.co.jp
　　　　　　　振替00190-7-40504

装丁者──────中村愼太郎
表紙オブジェ──近藤康広
印刷所──────三松堂
製本所──────ブロケード

ISBN978-4-469-24508-0　Printed in Japan
®本書のコピー，スキャン，デジタル化等の無断複製は著作権法上での例外を除き禁じられています。本書を代行業者等の第三者に依頼してスキャンやデジタル化することは，たとえ個人や家庭内での利用であっても著作権法上認められておりません。